Ponte en forma en 9 semanas y media

JUAN RALLO

Ponte en forma en 9 semanas y media

ESPASA

ESPASA

Primera edición: marzo, 2010
Segunda edición: mayo, 2010
Tercera edición: mayo, 2010

Diseño de cubierta: más!gráfica
Fotografía de cubierta: Edu, cedida por Men's Health

Depósito Legal: M. 22.368-2010
ISBN: 978-84-670-3297-0

Espasa, en su deseo de mejorar sus publicaciones, agradecerá cualquier sugerencia que los lectores hagan al departamento editorial por correo electrónico: sugerencias@espasa.es

Impreso en España/Printed in Spain
Impresión: Huertas, S. A.

El papel utilizado para la impresión de este libro es cien por cien libre de cloro y está calificado como **papel ecológico.**

Espasa Libros, S. L. U.
Paseo de Recoletos, 4
28001 Madrid
www.espasa.com

ÍNDICE

SEMANA
1

Sobre tu cuerpo

Lo que te sienta bien, te queda bien

Por suerte, la salud y la estética van de la mano, todo lo que es sano mejora tu aspecto.

Esto no es casualidad. En realidad, es el resultado de la evolución que nos permite mejorar la especie humana, exactamente lo mismo que pasa con los otros animales, porque a la hora de reproducirse, se ha buscado siempre una pareja con la que asegurarse una descendencia fuerte, de buena salud, así que lo sano es lo que nos atrae de la pareja, **lo sano es atractivo**.

Esta debería ser la piedra angular de todo comportamiento destinado a mejorar la estética. Pues cuanto más sanos estemos, más atractivos nos veremos y nos verán.

Los entrenadores lo sabemos, y somos conscientes de que una gran parte de los clientes viene porque quiere verse mejor; así, podríamos decir que el aspecto externo es el gancho por el que solicitan nuestros servicios, pero, al final, el éxito dependerá de que el cliente se encuentre mejor. Es más, con el paso de las semanas llevando una vida sana, parece que el motivo estético pase a un segundo plano, y aunque este claramente haya mejorado, se valora, sobre todo, el bienestar. Bienestar al que nadie quiere renunciar una vez se ha disfrutado en primera persona.

Este fenómeno lo compruebo casi a diario a través de la gente que se sienta en mi consulta o que veo en el gimnasio, porque sus objetivos iniciales suelen coincidir: mejorar su estética. Sin embargo, esto es solo al principio; cuando, tras unas semanas, llegan los controles médicos o los análisis, la sonrisa de los clientes lo dice todo; corroboran que esto que les ha hecho sentirse mejor no es solo una sensación mental causada por la nueva imagen en el espejo o por las endorfinas, sino que los resultados son objetivos y cuantificables, como ponen de manifiesto sus pruebas o análisis.

Y es que la estética es importante, muy importante, aunque es algo que solo tiene influencia en el presente. Sin embargo, la salud es para siempre; lo que hagas ahora se verá reflejado luego en tu organismo y, por tanto, en tu bienestar y en tu estética.

En resumen, solo tienes un cuerpo, y es para toda la vida. Por tanto, todo lo que hagamos con él, deja huella de cara al futuro. Entonces, como sabemos que vamos a estar juntos de por vida, mejor cuidamos un poquito nuestro cuerpo y este nos devolverá el favor dándonos más años de vida y llenando de vida esos años.

Mis clientes están contentos, y se cuidan con determinación porque, por primera vez en su vida, saben adónde se dirigen con su entrenamiento, con **objetivos definidos y con las ideas claras**. Ambas cosas son necesarias para alcanzar el éxito en cualquier proyecto, pero más en el ámbito de la salud, en el que los falsos mitos campan a sus anchas.

El motivo de la proliferación de estos falsos mitos, y de que haya tantas opiniones dispares en este sector, obedece meramente a razones de mercado, a que algunas marcas comerciales, y muchos medios de comunicación, crean en el público una necesidad estética, pero no dan una solución real; al contrario, proporcionan soluciones que desembocan en un desembolso económico con pocos o ningún resultado, lo que deriva en una profunda frustración. Yo no conozco a nadie que haya adelgazado con una consola, con un aparato comprado en la tele, con una simple crema reductora o con una dieta milagro. Pero sí conozco a muchas personas que lo han conseguido mejorando un poco sus hábitos.

No solo podemos decir que **lo sano es estético**, sino que debemos añadir que lo **insano es siempre antiestético**.

Los hábitos que no son saludables dejan huella; por ejemplo, si fumas, se te va a notar en los ojos y en la piel; si bebes, también, además de en la tripa. Vale, estoy de acuerdo, estos dos ejemplos son demasiado evidentes; hay otros menos claros: una dieta insana te puede provocar carencias que se reflejen en tu aspecto y en tu estado, o también te puede adelgazar los primeros días, pero a medio plazo provocar que engordes. Otro mal hábito, como el sedentarismo, ocasiona múltiples atrofias que tampoco pasan inadvertidas.

De este apartado quédate con lo siguiente: **lo bueno es sano y lo sano es estético**.

Alimentación

Hidratos, proteínas, grasa. Conoce lo que comes

Hace unos años, cuando nos referíamos a la capacidad de engordar de los alimentos, solo se hablaba de calorías.

Las kilocalorías son la unidad de medida más popular del poder energético de los alimentos. Con el tiempo se ha abreviado al término «caloría» lo que en realidad debería denominarse kilocaloría, y que es la energía necesaria para aumentar un grado la temperatura de un litro de agua. Para entendernos, cuando la gente habla por la calle de calorías, se refiere a kilocalorías, que en las etiquetas de los alimentos verás representadas como kcal.

El consumo de kilocalorías diarias necesarias depende del sexo, de la edad y del nivel de actividad diario. Pero en el caso de la mayoría de las mujeres de nuestro país estaría entre las 1.600 y las 2.100, y en el de los hombres, entre las 2.200 y las 2.700 kcal.

El concepto de kilocaloría nos aporta mucha información, pero ni de lejos toda la que necesitamos. Con el paso del tiempo, el interés por la salud y el cuidado personal ha ido creciendo, y ya no vale con saber la cantidad de calorías que tiene un producto, sino que además es muy importante conocer cuál es su composición.

Para saber qué es lo que más te conviene comer en cada momento debes tener claros ciertos aspectos iniciales. Lo que sería el abecedario de los alimentos.

Fundamentalmente las calorías entran en el cuerpo de las tres formas siguientes: carbohidratos o **hidratos**

de carbono, proteínas y grasas. Ninguno de ellos es nocivo si se toma en la cantidad recomendada y todos son necesarios.

Los hidratos de carbono

Los hidratos de carbono se encuentran sobre todo en los cereales, las féculas, las legumbres, los vegetales, las frutas y, por consiguiente, en todos sus derivados. Las comidas que más hidratos de carbono aportan son los cereales, los arroces, las pastas, las patatas, las legumbres y todos los dulces.

Los hidratos de carbono, una vez digeridos y absorbidos por el organismo, se convierten en una sustancia llamada **glucógeno**.

El glucógeno es la sustancia que usa tu cuerpo como energía para llevar a cabo las distintas actividades celulares; es, por decirlo de alguna manera, la gasolina del cuerpo.

El glucógeno es una fuente de energía inmediata. Tu cuerpo es capaz de almacenar poca cantidad, aproximadamente entre 400 y 750 gramos, y puesto que para conservar cada gramo de forma activa, necesitas 4 gramos de agua, es poco rentable como energía almacenable. Por eso, cuando ingieres más de la cantidad máxima que se puede almacenar, tu cuerpo prescinde de guardar la energía en forma de glucógeno, porque necesitaría demasiada agua, y lo convierte en grasa.

Aproximadamente 100 gramos de glucógeno se conservan en el hígado y tienen funciones digestivas. El resto, en el tejido muscular; este último es el que realmente se utiliza para aportar energía al músculo, es como gasolina para el movimiento.

De esta manera, los carbohidratos son una fuente de energía rápida y eficaz para uso inmediato, pero con límite de almacenaje. La clave, y uno de los pilares de este libro y de tu salud alimenticia en general, es que **si ingieres más hidratos de los necesarios, desbordas las reservas de glucógeno, y los que excedan de las cantidades de almacenaje se transformarán en grasa al instante**. Así, el aporte de hidratos ha de ser espaciado, para que dé tiempo a ir quemándolos, y en cantidades pequeñas, para no desbordar.

Otro factor muy importante que debes conocer de los hidratos es que, según el tipo que sean, tienen distintas velocidades de absorción, lo que se conoce como **índice glucémico**. Cuanto más dulce es un alimento, más rápidamente se absorbe, y pasa al torrente sanguíneo. Esto no es ni bueno ni malo; sencillamente, debes saber en cada momento lo que necesitas.

Por ejemplo, un tenista después de dos horas jugando necesita rellenar rápidamente las reservas de glucógeno antes de quedarse sin fuerzas, y para ello necesita un alimento muy dulce, de alto índice glucémico, para disponer de la energía lo antes posible.

Sin embargo, para la mayoría de nosotros, las necesidades de aporte de energía no son tan «urgentes», y, por consiguiente, el tipo de hidratos que más nos conviene son los de absorción media o lenta, para que podamos disponer de su energía al mismo ritmo que la consumimos y que así no desborde los depósitos que antes hemos citado.

Como referencia, cuanto más tratado o refinado es un producto, menos tiempo nos va a costar digerirlo, y más rápido lo vamos a absorber; así que si comes muchos dulces, obtendrás mucha energía en poco tiempo, de manera que desbordarás los depósitos de hidratos, y estos se convertirán en grasas.

¿Engordan los hidratos? Como hemos dicho, si ingieres más de los que necesitas, engordas, pues los que no gastas se convierten en grasa. Decir cuál es la cantidad recomendada es muy aventurado, porque depende de demasiados factores (edad, peso, actividad...), pero más adelante te daremos las claves para que no te pases.

Las proteínas

Las fuentes más importantes de proteínas son: los pescados, las carnes, la leche y sus derivados, los huevos y sus derivados, y algunos vegetales, sobre todo los cereales, arroz, legumbres, y derivados, que aunque ricos en hidratos, también lo son en proteínas.

Las proteínas sirven fundamentalmente para generar tejido, por lo que son necesarias en cualquier alimentación. Esta es su función más importante.

Contienen 4,5 kilocalorías por gramo; entonces, la pregunta está servida: ¿se utiliza esta energía? La respuesta es que generalmente no. Esta sería una de las últimas vías a las que recurriría el cuerpo para obtener energía, puesto que las reacciones químicas necesarias son demasiado complejas. Para que las proteínas engordasen, primero deberían transformarse en glucógeno por medio de un proceso llamado gluconeogénesis (palabra que no necesitas recordar para nada) y posteriormente convertirse en grasa.

El problema que puede provocar un abuso en el consumo de proteínas no es tanto el de engordar, sino otros relacionados con enfermedades propias del hígado, los riñones, etc.

Además, con las proteínas hay que tener cuidado, porque suelen ir acompañadas de grasas, como los lácteos, las carnes y los pescados.

La cantidad recomendada de proteínas al día es de 1,5 gramos por kilo de peso para aquellos que practiquen deporte, y de 1 gramo para los que no lo hagan.

Las grasas

En general, podemos decir que las grasas son absolutamente esenciales para disfrutar de una salud óptima. Ciertas grasas reducen el riesgo de padecer cáncer, problemas de corazón, alergias, artritis, eczema, depresión, fatiga, infecciones, etc. La lista de síntomas y enfermedades asociados a su deficiencia crece cada año. No obstante, es importante saber qué grasas son las que favorecen la salud y cuáles son nocivas para nuestro organismo.

Las grasas más abundantes en el cuerpo y en la dieta son los triglicéridos. A temperatura ambiental, estos pueden ser sólidos (grasas) o líquidos (aceites), y proporcionan más del doble de energía por gramo que los carbohidratos y las proteínas. Nuestra capacidad para guardar triglicéridos en las células grasas es ilimitada, y un exceso de carbohidratos, proteínas o grasas en la dieta se convierte en triglicéridos y se guarda en el tejido adiposo o graso. Este tipo de grasas se divide en: ácidos grasos saturados, monoinsaturados y poliinsaturados.

A continuación vamos a ver las diferencias entre estos tipos de grasas:

- **Grasas saturadas:** Dietéticamente se consideran como grasas «malas», ya que son las responsables de la aparición del colesterol. La gran mayoría de estas grasas son de origen animal (carne, leche y derivados sin desnatar). Un ejemplo rápido: 250 mililitros de leche entera tienen 5 gramos de grasa saturada. Por el contrario, la misma cantidad de leche desnatada contiene 0,3 gramos. Por este motivo, es importante recurrir a lácteos desnatados o semidesnatados. Te aportan los mismos nutrientes, pero con mucha menos grasa saturada.
- **Grasas insaturadas:** Se conocen como grasas «buenas» por el papel que ejercen en el control del colesterol y en las enfermedades coronarias. Estas grasas se dividen en dos tipos, que seguro te sonarán:

  – **Grasas monoinsaturadas:** El máximo representante de esta grasa es el aceite de oliva.
  – **Grasas poliinsaturadas:** Hay varios aceites que están en este grupo: el de girasol, soja, avellana, semillas de girasol, etc.

Estas grasas son buenas porque, al no estar saturadas, admiten en su estructura la recogida de los ácidos grasos, por eso se dice que reducen el colesterol.

Consejo de la primera semana: controla las cenas

El ritmo de vida frenético hace que no dediquemos el tiempo necesario a comer de manera ordenada. Las supermujeres y superhombres de hoy en día tienen que ocuparse de un trabajo de 8 horas, llevar una casa, atender a unos amigos y a una familia, en muchos casos cuidar a unos hijos e incluso algunas veces cuidar a unos padres.

Al llegar la noche, resueltos ya los quehaceres diarios, nos ocupamos de comer lo que no hemos podido comer en todo el día, es normal que tu cuerpo te lo pida, son las calorías diarias necesarias. De entrada, no es bueno comer tanto en una sola comida, y además, para meternos tantas calorías en tan poco tiempo, es difícil hacerlo con comida sana. Esto conlleva una falta de energía durante el día, que sería cuando la necesitas, y una sobrealimentación durante la noche, justo cuando no necesitas esa energía.

Durante esta semana tratarás de **ordenar tu alimentación**, no estoy hablando de reducir tu consumo de calorías diarias, sino sencillamente de ordenarlas para que sean más útiles, y mejor aprovechadas, al adelantar las horas de consumo. Nada más cierto que aquel refrán español de nuestras abuelas que recomienda desayunar como un rey, comer como un príncipe y cenar como un mendigo.

Así, lo ideal es que trates de trasladar las comidas más importantes a las primeras horas del día, y que a última hora, por la noche, comas lo mínimo.

Las primeras veces cuesta un poco acostarse sin la sensación saciante de una cena generosa, pero a medida que pasen los días y veas, por un lado, lo bien que te levantas con el vientre mucho más plano, y por otro, que tienes más ganas de desayunar, te costará cada vez menos hacerlo. Contra la sensación de hambre al acostarte, la idea de que al levantarte podrás comer lo que quieras.

No lo olvides, dependiendo de si te acuestas con la tripa llena o no, **estarás las 8 horas de sueño acumulando grasa o eliminándola.**

Durante esta semana, el objetivo es que vayas regularizando tus horarios de comidas y, sabiendo que si la cena es ligera, es probable que tengas más apetito por la mañana y al mediodía. Que ingieras energía al ritmo que la necesitas, y por tanto que la consumes, de manera que no necesites almacenarla en forma de grasa.

Recuerda, el consejo de la primera semana es: cenas ligeras.

ENTRENAMIENTO

ESTA SEMANA HAZ EJERCICIO DOS DÍAS

Cuando se empieza un plan de vida sana, el error más habitual es que el primer día en el gimnasio lo queremos hacer todo, con lo que las agujetas no nos van a dejar mover durante los próximos 5 días; para entonces nos pensaremos mucho lo de volver a ese sitio de donde hemos salido destrozados y que afecta tan negativamente al resto de nuestras actividades cotidianas.

Otro error bastante frecuente es acudir todos y cada uno de los siete días de la primera semana al gimnasio. Sé por experiencia que estos intentos duran poco; es normal, porque además de suponer un esfuerzo muy importante para el cuerpo y la mente, te quita mucho tiempo para realizar otras cosas que solías hacer de forma habitual y que tarde o temprano tendrás que volver a hacer; es prácticamente imposible seguir ese ritmo.

Por eso, mi consejo es que la primera semana vayas solo dos días al gimnasio, que te quedes con las ganas de hacer más ejercicio del que hagas, que quieras y, sobre todo, que puedas volver.

Y si no te has apuntado al gimnasio, que hagas algo de ejercicio, como practicar tu deporte favorito, o salir a dar un largo paseo rápido o una carrerita, algo que despierte tu respiración, tu corazón, tus músculos; sencillamente, que vuelvas a notar en tu cuerpo la sensación de cansancio físico (no confundir con el cansancio mental, en capítulos posteriores lo veremos).

MOTIVACIÓN

CUIDARSE NO TIENE QUE SUPONER UN ESFUERZO

El mayor obstáculo a la hora de ponerse en forma es que la gente asocia cuidarse con realizar un esfuerzo intenso. Por tanto, solo oír la palabra «cuidarse» ya da pereza, te imaginas en el gimnasio exhausto y con el cuerpo dolorido por las agujetas. Tal vez deberíamos utilizar palabras como **quererse**, **mimarse** o **educarse**, términos que tuvieran connotaciones más positivas.

«Cuidarse ≠ esfuerzo». Es mucho mejor relacionar el ejercicio y la alimentación sana con la satisfacción de conseguir los resultados.

Cuidarse no son 24 horas al día

A estas alturas ya sabemos todos que las dietas y los entrenamientos milagro no existen y que llevar una vida sana debe ser algo cotidiano y duradero. Pero eso no significa que vayamos a tener que estar cada uno de los minutos del resto de nuestras vidas controlándonos. En realidad, ese esfuerzo por el que tanto nos preocupamos no nos va a llevar más de **5 o 6 minutos al día**, que es el tiempo que tardas en tomar las decisiones adecuadas.

El tiempo que gastas en decidirte a cocinar un plato u otro puede durar menos de un minuto, lo mismo que puede durar la decisión de irte a hacer ejercicio o quedarte viendo la tele. Sí, está claro que luego en el gimnasio vas a estar mucho más rato, pero ese tiempo no te va a suponer un esfuerzo, al contrario, mientras estés haciendo ejercicio pensarás aquello de «tengo que venir más…».

Esto es algo que debes tener claro, **no se puede luchar contra gigantes** que no existen, así que no te agobies por tener que ponerte en forma; es más fácil de lo que crees.

Yo te recomiendo que disfrutes del camino, que veas cada una de esas pequeñas decisiones como un pequeño éxito.

SEMANA
2

Sobre tu cuerpo

El peso: es un dato importante, pero no tanto

El peso es el objeto central de la mayoría de conversaciones acerca de la salud y de la forma en que nos encontramos.

Pero ¿es realmente el dato que refleja nuestra salud? ¿Y nuestra estética? ¿Es equivalente estar gordo y pesar mucho?

Los cambios de peso en tu cuerpo se deben, sobre todo, al aumento y/o disminución de tres sustancias bien distintas, el agua, el músculo y la grasa.

El agua

El agua supone casi tres cuartas partes del peso del cuerpo; con que perdamos un pequeño porcentaje, enseguida se aprecia en la báscula; sin embargo, para que el cuerpo recupere su equilibrio osmótico, en cuanto bebamos un poco, recuperaremos el agua y con ella el peso. Por eso no son buenas las disminuciones de peso basadas en pérdidas forzadas de agua, como ocurre cuando se abusa de diuréticos, que mal utilizados pueden resultar muy nocivos para la salud. O cuando se fuerza la sudoración, como sucede en las saunas, que, aunque son positivas para otras cosas, no suponen una pérdida de peso real, pues al beber se recupera.

La grasa

En este capítulo consideramos la grasa como un mero depósito de energía, que cuando aumenta su peso es porque tenemos mayor provisión de energía y viceversa.

Hablaremos con más detalle de la grasa la próxima semana.

El músculo

El músculo es la materia contráctil que hace posible que nos movamos. Además, es el principal agente consumidor de energía.

Para hablar de grasa y músculo, lo mejor es imaginarse un trozo de carne animal. El magro es el tejido muscular y la grasa, no deja dudas, es grasa.

La grasa es mucho menos densa que el músculo; esto quiere decir que 1 kilo de grasa ocuparía mucho más que 1 kilo de tejido muscular. Esto es importante, pues el músculo es la materia que nos interesa tener y la grasa no. Así que podríamos decir que, a igual volumen, conviene pesar un poco más, pues significaría que tenemos más tejido muscular que graso.

Dicho esto, se entiende por qué el peso de por sí es un dato impreciso.

Estar gordo no depende de la báscula, sino del porcentaje de grasa que tengamos en el cuerpo. Es decir, de los kilos de grasa que tengamos.

Así que no se debe relacionar directamente pesar mucho con estar gordo, o lo que es lo mismo, pesar poco con estar flaco. Dos personas de igual altura y peso no tienen por qué ser iguales; puede que una tenga obesidad y la otra no.

El índice de masa corporal (IMC) se calcula a partir del peso y de la altura (peso dividido por la altura al cuadrado), por eso es un dato insuficiente. También es interesante comentar que el índice de masa corporal es el indicador por el que se rigen casi todos los estudios sobre población y obesidad.

Según esta tabla, los resultados se valorarían de la siguiente manera:

Para las mujeres:

- Si están por debajo de 16, padecen desnutrición.
- Si están entre 17 y 20, se encuentran en zona de peso bajo.
- Si están entre 21 y 24, se considera zona normal.
- Si están entre 25 y 29, se encuentran en zona de sobrepeso.
- Si están entre 30 y 34, se encuentran en zona de obesidad.
- Si están entre 35 y 39, se encuentran en zona de obesidad marcada.
- Y si superan los 40, se encuentran en zona de obesidad mórbida.

Para los hombres:

- Si están por debajo de 17, padecen desnutrición.
- Si están entre 18 y 20, se encuentran en zona de peso bajo.

		PESO EN KILOS																
		40	**45**	**50**	**55**	**60**	**65**	**70**	**75**	**80**	**85**	**90**	**95**	**100**	**105**	**110**	**115**	**120**
ALTURA EN CM	**1,4**	20,4	23,0	25,5	28,1	30,6	33,2	35,7	38,3	40,8	43,4	45,9	48,5	51,0	53,6	56,1	58,7	61,2
	1,45	19,0	21,4	23,8	26,2	28,5	30,9	33,3	35,7	38,0	40,4	42,8	45,2	47,6	49,9	52,3	54,7	57,1
	1,5	17,8	20,0	22,2	24,4	26,7	28,9	31,1	33,3	35,6	37,8	40,0	42,2	44,4	46,7	48,9	51,1	53,3
	1,55	16,6	18,7	20,8	22,9	25,0	27,1	29,1	31,2	33,3	35,4	37,5	39,5	41,6	43,7	45,8	47,9	49,9
	1,6	15,6	17,6	19,5	21,5	23,4	25,4	27,3	29,3	31,3	33,2	35,2	37,1	39,1	41,0	43,0	44,9	46,9
	1,65	14,7	16,5	18,4	20,2	22,0	23,9	25,7	27,5	29,4	31,2	33,1	34,9	36,7	38,6	40,4	42,2	44,1
	1,7	13,8	15,6	17,3	19,0	20,8	22,5	24,2	26,0	27,7	29,4	31,1	32,9	34,6	36,3	38,1	39,8	41,5
	1,75	13,1	14,7	16,3	18,0	19,6	21,2	22,9	24,5	26,1	27,8	29,4	31,0	32,7	34,3	35,9	37,6	39,2
	1,8	12,3	13,9	15,4	17,0	18,5	20,1	21,6	23,1	24,7	26,2	27,8	29,3	30,9	32,4	34,0	35,5	37,0
	1,85	11,7	13,1	14,6	16,1	17,5	19,0	20,5	21,9	23,4	24,8	26,3	27,8	29,2	30,7	32,1	33,6	35,1
	1,9	11,1	12,5	13,9	15,2	16,6	18,0	19,4	20,8	22,2	23,5	24,9	26,3	27,7	29,1	30,5	31,9	33,2
	1,95	10,5	11,8	13,1	14,5	15,8	17,1	18,4	19,7	21,0	22,4	23,7	25,0	26,3	27,6	28,9	30,2	31,6
	2	10,0	11,3	12,5	13,8	15,0	16,3	17,5	18,8	20,0	21,3	22,5	23,8	25,0	26,3	27,5	28,8	30,0
	2,05	9,5	10,7	11,9	13,1	14,3	15,5	16,7	17,8	19,0	20,2	21,4	22,6	23,8	25,0	26,2	27,4	28,6
	2,1	9,1	10,2	11,3	12,5	13,6	14,7	15,9	17,0	18,1	19,3	20,4	21,5	22,7	23,8	24,9	26,1	27,2

- Si están entre 21 y 25, se considera zona normal.
- Si están entre 26 y 30, se encuentran en zona de sobrepeso.
- Si están entre 31 y 35, se encuentran en zona de obesidad.
- Si están entre 36 y 40, se encuentran en zona de obesidad marcada.
- Y si superan los 40, se encuentran en zona de obesidad mórbida.

En el caso de los hombres el peso apropiado es ligeramente mayor porque el hombre, al tener mayor porcentaje de musculatura que la mujer, pesa un poco más.

Estos valores son una referencia, es importante que sea el doctor quien diagnostique los trastornos alimenticios y los trate de manera individual.

He visto cómo atletas de primer orden, sin apenas grasa corporal, les sale sobrepeso en el cálculo de su IMC. Esto es debido al peso de su masa muscular. Yéndonos al polo opuesto, también es muy frecuente encontrar a chicas jóvenes, que, a pesar de que no practiquen ejercicio, están aparentemente delgadas y con un IMC bajo. Sin embargo, pueden tener muy poco músculo y mucha grasa, pues la piel aún es elástica y contiene bien las carnes (de la piel hablaremos en otra semana). Una chica de este tipo, pese a su aspecto, tiene demasiada grasa y, si no pone remedio, en diez años tendrá el cuerpo flácido. Tendrá un peso, en relación con su altura, muy inferior al del atleta, pero su porcentaje de grasa es fácilmente el triple.

De todas formas, tampoco nos podemos regir por estos ejemplos, ya que la inmensa mayoría de personas con un IMC alto se corresponde con un elevado porcentaje de grasa corporal.

Para pesarte correctamente debes tener en cuenta los siguientes factores:

- Debe ser al despertar.
- Después de haber ido al servicio.
- Sin ropa.

Además de esto, es recomendable pesarse solo una vez por semana, y siempre el mismo día, porque no se suele tener el mismo peso el lunes, después del fin de semana, que el viernes.

Vista esta relación entre el peso, la grasa y el músculo, hay personas que equivocadamente alegan «a mí me pesan mucho los huesos…». Los huesos varían poco su peso de una a otra persona, y se considera que el peso total de los huesos corresponde aproximadamente al 10 por 100 del peso total del cuerpo.

Así que quédate con lo siguiente: **estar gordo o no estarlo depende de la grasa que tengamos acumulada, no del peso.**

ALIMENTACIÓN

LA GRASA YA NO ES LA DESPENSA

Como hemos visto en el capítulo anterior, la grasa no es tan mala como pudiera parecer; de hecho, sin ella no podemos vivir. Tiene funciones vitales en nuestro organismo, como proteger los órganos, ayudarles a mantener la temperatura, y, por supuesto, es imprescindible como aporte energético.

Durante millones de años la grasa era la única forma que tenía el ser humano de almacenar energía. Nuestros antepasados comían la mayor cantidad posible de alimentos cada vez que se les presentaba la ocasión, porque no sabían cuándo volverían a comer. Y el cuerpo humano ha ido evolucionando para almacenar esa energía en el organismo de la manera más rentable posible; así, la grasa es el resultado de la adaptación del organismo. Y lo que ha permitido la supervivencia del hombre.

Hoy en día sabemos cuándo podemos comer y cómo almacenar esa energía para ir usándola cuando la necesitamos: las latas, la nevera, el congelador, las despensas, etcétera. Suficientes elementos para que no necesites tener exceso de energía acumulada en tu cuerpo. Es decir, grasa.

A pesar de todo, el instinto animal que perdura en nosotros nos empuja a comer tanto como podamos. Ese instinto que nos ha mantenido vivos durante millones de años, y que no se elimina en unas pocas generaciones. Y para luchar contra este instinto tenemos una herramienta definitiva, la **inteligencia**, que nos sirve para educar al cuerpo y enseñarle a comer bien.

Con respecto a la alimentación, hemos aprendido a comer con cubiertos, con la boca cerrada, a pequeños bocados. Nos cuesta más comer las cantidades adecuadas, aunque esto poco a poco se está consiguiendo.

Deja que tu parte racional domine a tu parte animal en cuanto a alimentación se refiere. La semana que viene veremos las diferencias entre el hambre consciente y el inconsciente.

Quédate con la idea de que **la grasa, como almacén de energía, ya no es necesaria.**

CONSEJO DE LA SEGUNDA SEMANA: COME HASTA PERDER EL HAMBRE

En el capítulo anterior mencionaba que toda aquella energía que comas y no necesites se transforma en grasa, y ya sabemos que más grasa de la que necesitamos no es buena. Por eso, hay un método perfecto para saber que no estamos comiendo más allá de lo que precisamos, y es sencillamente **comer hasta que se nos haya pasado la sensación de hambre.**

Y con esto no me refiero a cuando no nos cabe nada más en el estómago, ni mucho menos. Cuando se te haya pasado esa sensación de hambre con la que te has sentado a la mesa, es el momento de abandonarla; sí, está claro, podrías comer más, pero no lo necesitas.

Cuando tu cuerpo vuelva a requerir energía, te la volverá a pedir a través de la sensación del apetito. Así te aseguras de estar aportando las cantidades necesarias a tu cuerpo en cada momento.

Está claro que no es fácil dejar de comer cuando te queda comida en el plato, sobre todo si se trata de un manjar, pero tienes que educar a tu apetito en esta cuestión, llevarlo de la parte irracional a la parte racional del cerebro.

El hecho de dejar comida en el plato es un ejercicio usado por algunos nutricionistas para demostrar a sus pacientes que son capaces de sobreponerse al instinto, ya inútil, de comer hasta no poder más. Por un lado, hay que sobreponerse al instinto, pero, por otro, hay que oponerse a una educación que nos han dado desde pequeños, la de terminarse todo cuanto nos han servido.

Cuando era niño, recuerdo que uno de los motivos por los que tenía que terminar la comida era algo así como «hay gente muriéndose de hambre, así que la comida no se puede tirar». Por desgracia, es cierto que hay gente que muere de hambre, pero resulta irónico que a la vez hay personas que mueren por sobrealimentación, ya que esta puede provocar enfermedades cardiovasculares. ¿Estoy diciendo con esto que hay que tirar la comida? Ni mucho menos. Hay muchas formas de conservarla, y además, con el tiempo, aprenderás a ir ajustando las cantidades que debes cocinar para que no sobre.

Come solo hasta que se te vaya el hambre. Este es el mejor consejo que conozco en cuanto a alimentación, y si lo aplicas, no hay manera posible, de que no mejores.

Entrenamiento

ALGUNAS VENTAJAS DE HACER EJERCICIO

El ejercicio es un catalizador ideal

El ejercicio ayuda a regular una gran parte de los sistemas corporales. El aparato locomotor es el gran beneficiado a priori, porque es en el que se aprecian los cambios por fuera, pero hay otros sistemas, como el hormonal, el cardiovascular, el respiratorio, e incluso el digestivo, que se verán mejorados por la práctica regular de ejercicio.

Si tienes poco apetito, el ejercicio te ayudará a aumentarlo, y si tienes demasiado, el ejercicio te ayudará a rebajarlo y, al mismo tiempo, a quemar calorías. Si padeces de insomnio, el ejercicio te aportará ese extra de cansancio físico que necesitas; si, por el contrario, duermes demasiado, el ejercicio te ayudará a mejorar el estado de alerta.

Consejo de la segunda semana: prueba dos actividades

Esta semana el objetivo es que pruebes dos actividades distintas, de manera que empieces a conocer de primera mano la extensa oferta que tienen los gimnasios. Está claro que no todo te va a gustar, pero si lo pruebas, tendrás tu propio criterio e irás viendo lo se adapta mejor a tus necesidades y gustos.

En el caso de no ir al gimnasio, puedes practicar tu deporte favorito o dar un paseo rápido durante una hora.

Motivación

La salud es la nueva riqueza

Durante mucho tiempo el ejercicio físico solo ha tenido lugar en esta sociedad en forma de deporte o en forma de culturismo. Ir al gimnasio o cuidarse se veía como algo raro. Afortunadamente, esto ha pasado; ahora ya podríamos decir que la mitad de la población ha estado apuntada alguna vez en un gimnasio.

Las estadísticas comienzan a denotar que en los países desarrollados se está empezando a relacionar el sobrepeso con los niveles socioculturales más bajos.

La obesidad es ya considerada la epidemia del siglo XXI. Por este motivo, las administraciones están tomando medidas preventivas similares a las que se adoptan para evitar el tabaquismo.

Por eso en la actualidad el estar en forma es considerado como una nueva riqueza; la riqueza de sentirse bien, de sentirse seguro con uno mismo; la riqueza de sentirte más joven, de poder hacer lo que quieras porque tu cuerpo te lo permite.

Hoy en día, estar en forma es ser rico.

SEMANA 3

Sobre tu cuerpo
Peso y contorno

La semana pasada hablamos del peso, y no es casualidad. Vimos que el músculo pesa más que la grasa. En este capítulo mostraremos cómo se refleja eso en los contornos de tu cuerpo, que son los que verdaderamente te hacen parecer gordo o flaco.

Como dijimos, hay que relativizar la importancia del peso y empezar a dar más importancia al porcentaje graso. Una de las maneras de conocerlo es midiendo ciertos contornos corporales. Y lo bueno de estos es que no hace falta medirlos. Solo con ponernos la ropa, notamos los cambios.

El contorno dependerá de la grasa y del músculo, pues son las dos variables que encontramos. El contorno normal de un miembro —por ejemplo, una pierna— tendría un aspecto como el del dibujo:

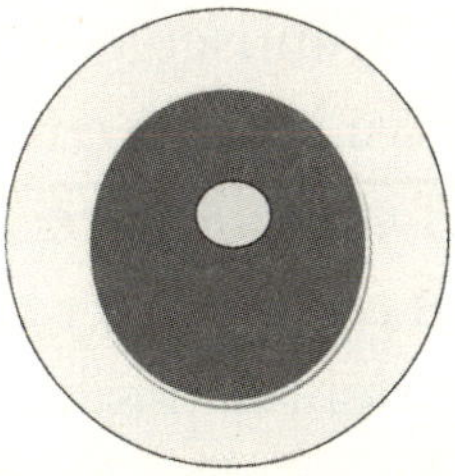

- El círculo central sería el hueso, que lógicamente no puede variar su perímetro.
- El círculo oscuro intermedio sería el músculo, que al crecer, aumentaría su contorno.
- Por último está la grasa, que, al disminuir, reduciría su perímetro y viceversa.

Esta es la progresión del contorno desde la inactividad inicial hasta el fin de las 9 semanas.

Contorno de una persona con poco músculo (semana 0)

Contorno al poco tiempo de empezar a practicar ejercicio (semanas intermedias)

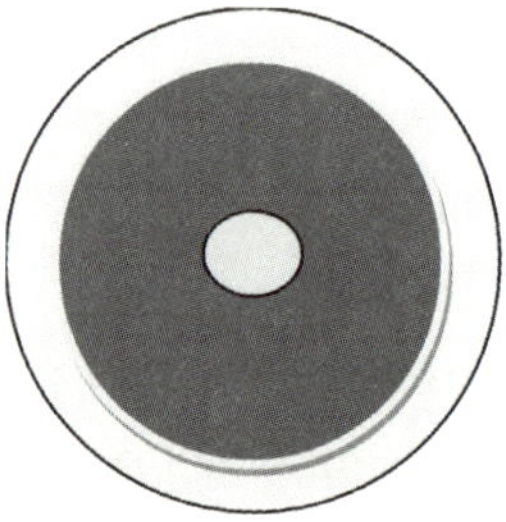

Contorno de una persona sana, que practica deporte habitualmente (semana 9)

Esta progresión obedece a que, al empezar a practicar ejercicio, el músculo aumenta su perímetro. Con el paso del tiempo, ese músculo, consumidor de energía, se va comiendo la grasa, hasta dejarla en la mínima expresión.

Al final, el primer contorno es similar al tercero. Pero en el tercero tiene mucha menos grasa. Por eso el cuerpo presenta un aspecto más duro y parece más estilizado; es decir, sin flacidez. El músculo tiene una tensión por la cual no cede a la gravedad. Sin embargo, el tejido graso, al carecer de esta y ser contenido exclusivamente por la piel, acaba perdiendo su elasticidad y cediendo a la gravedad.

Vista esta progresión, es posible que durante las primeras semanas ganes algo de peso. No te preocupes, es normal.

Significa que estás ganando músculo, que es el agente consumidor de grasa. De aquí viene la famosa excusa de «es que el ejercicio a mí me engorda». Pero ahora, una vez conocida esta explicación, ya no vale utilizarla como disculpa.

De todas formas, también es posible que no hayas ganado peso, sino que hayas perdido un poco. Eso significaría que pesa más la grasa que has perdido que el músculo que has ganado.

Son posibles las dos opciones, puesto que estamos actuando por dos frentes:

- Aumentando el tono muscular.
- Eliminando grasa, ya que estamos cuidando la alimentación y quemando más energía que antes.

Cualquiera de los dos efectos puede estar predominando. Con lo cual, puedes haber ganado o perdido peso. Pero recuerda que este es un dato secundario.

De todos modos, los resultados no son aún muy acentuados. Solo hemos hecho 4 días de ejercicio y el músculo que hemos aumentado no es mucho. Cuando hablo de crecimiento muscular, me refiero a un crecimiento casi inexistente en el caso de las mujeres, y 20 veces mayor en el caso de los hombres por efecto de la testosterona. Pero esto lo veremos más adelante.

Alimentación

Hambre consciente: comer con conocimiento

Como decíamos en el capítulo anterior, el hambre está en el cerebro. El estómago es la víctima. Hay que diferenciar entre el hambre consciente y el hambre inconsciente.

Cuando repetimos mucho un gesto o una actividad, esta pasa de realizarse de forma consciente a llevarse a cabo de manera inconsciente. Por ejemplo, cuando empiezas a escribir a máquina tienes que mirar el teclado y buscar cada una de las teclas para pulsarla con el dedo índice. O cuando aprendes a conducir tienes que pensar absolutamente todo lo que haces (cambio de marchas, pedales, etc.). Sin embargo, cuando llevas un tiempo conduciendo, todo se realiza de una forma automática; es decir, con el inconsciente.

Con la comida pasa algo similar. El gesto de comer viene del inconsciente. Todo el mundo sabe comer desde el primer día. Es muy fácil comer y no darse cuenta de lo que uno ha ingerido.

La buena manera de comer es ser consciente de lo que comes en cada momento, mirando por tus necesidades y tratando de anular comportamientos instintivos de ingesta masiva. Hemos sido capaces de llevar al consciente todo el ritual de la comida: comer con cubiertos, con la boca cerrada, etc. Pero nos falta el último paso: llevar al consciente lo que comemos y cuándo lo comemos.

Hace no mucho tiempo se realizó un experimento que consistía en sentar a un grupo de personas a ver la televisión con comida en la sala. Se dividió la muestra de población en dos grupos. A uno se le ponían anuncios de comida y al otro no. Al terminar el estudio, el resultado fue que las personas que habían visto anuncios de comida comieron **un 45 por 100 más**.

Esta es una muestra clara de que comemos con el inconsciente. Por eso son tan eficaces los anuncios de comida.

Recuerdo el caso de un cliente que no dejaba de decirme que él se ceñía al plan que yo le había preparado, pero no conseguía bajar el porcentaje de grasa. Así que le propuse que apuntase por la noche lo que había comido durante el día. Este es un truco que utilizo mucho con mis clientes. Solo así, cuando comen hacen el esfuerzo de acordarse para apuntarlo por la noche. Y, de esta manera, la ingesta de comida se convierte en un acto consciente.

A veces comemos como animales. Algo que me gusta hacer es contemplar a la gente en los restaurantes. En muchos casos, ves cómo, al traer el plato, nos ponemos a comer de forma compulsiva. Uno de los ejercicios que recomiendo a mis clientes es que, cuando tienen mucha hambre, no se abalancen sobre la comida. Deben esperar unos segundos para ser conscientes del plato que tienen delante. De esta forma, pasarán de comer de una manera incontrolada a una **totalmente consciente**.

Para algunas personas, comer sano es comer un plato de lechuga, acompañado de chuletón, o huevos fritos, panceta, y todo cubierto de sal. Esto significa que son parcialmente conscientes de lo que comen, pero no de una forma correcta.

Para llevar una dieta sana es necesario estar atento a lo que comes el 100 por 100 del tiempo. Pero no te agobies. Puedes tener dos comidas libres a la semana. Más adelante lo explicaré con más detalle. Aunque no olvides nunca: debe ser siempre de una manera **consciente**.

De este capítulo quédate con que debes aprender a distinguir entre lo que comes conscientemente o lo que comes inconscientemente.

Consejo de la tercera semana: limita las grasas en tu alimentación

Parece tan obvio como válido, y lo es. Si eliminas las grasas de tu dieta, o mejor dicho, si las ajustas a los niveles mínimos, te resultará mucho más fácil perder peso.

Como hemos mencionado en la primera semana, hay grasas buenas y malas. En primer lugar, tenemos que diferenciar entre la grasa de nuestro cuerpo y la que ingerimos. La de los alimentos la podemos dividir en dos tipos. Por un lado, las grasas malas: saturadas o hidrogenadas o trans (presentes en los alimentos de origen animal, como carnes, margarinas y algunos aceites mezclados). Por otro lado, las grasas buenas: poliinsaturadas o monoinsaturadas (aceites de oliva, soja, maíz, uva y pescados de mar, etcétera).

Las grasas y los aceites son sustancias no solubles en agua, pero la diferencia entre ambas es que los aceites son líquidos y las grasas son sólidas a temperatura ambiente. Sin embargo, los aceites, al calentarse, pueden convertirse en la peor grasa. Esto significa que no solamente hay que tener en cuenta el origen del alimento a elegir, sino también la forma de cocción.

En términos generales, las grasas de origen animal son las malas, y las de origen vegetal, las buenas. Salvo pocas excepciones. Por ejemplo, el coco y el cacao de origen vegetal tienen grasas malas, y el pescado de mar tiene grasas buenas.

En síntesis, en tu dieta debes tener en cuenta los siguientes puntos:

- Elimina los alimentos fritos.
- Prescinde de bollería industrial.
- Limita el aceite en las ensaladas, una cucharada sopera es suficiente.
- Modera el consumo de salsas.
- Si puedes elegir productos semidesnatados o desnatados, mucho mejor.
- Quita la grasa de las carnes que comas.

ENTRENAMIENTO

NO TE ATROFIES

Tu cuerpo siempre tiende a optimizar todos los recursos. Si ve que no necesita tener un corazón más grande y más fuerte o unos pulmones más grandes, va a reducir su tamaño. Se van a atrofiar. De esta forma, si en algún caso necesitas esforzarte un poco, verás que tu cuerpo ya no te responde.

La probabilidad de que seas un deportista de élite es muy remota. Pero eso no significa que no tengas que hacer ejercicio. En realidad, exigimos a nuestros sistemas corporales menos de lo que deberíamos, y eso provoca ciertas atrofias en nuestro organismo.

El corazón suele ser más pequeño y débil de lo que debería, al igual que los pulmones. Y las venas y arterias, menos elásticas, y un largo etcétera. Por esta razón, es necesario que nos movamos, que forcemos un poco la máquina para tener una mejor salud. Así alcanzaremos un margen mucho más amplio en nuestros sistemas para los momentos en los que pueda hacer falta (por ejemplo, durante las enfermedades). Y es que nos pasamos la vida resfriados. Cuando llega un poco de frío, nuestros sistemas respiratorio e inmunológico se ponen en alerta.

Cuando entrenes, tu sistema cardiovascular va a mejorar notablemente. Tu corazón se va a poner más grande y más fuerte. Vas a estar mucho más preparado para cualquier eventualidad.

Consejo de la tercera semana: fuerza un poco tu sistema cardiovascular

El entrenamiento cardiovascular es aquel que se efectúa para mejorar el sistema circulatorio y el pulmonar. Es un ejercicio continuado, de larga duración. En él las pulsaciones se mueven de forma más o menos constante a un ritmo medianamente elevado. Por ejemplo, caminar rápido, correr, montar en bicicleta, etc. Aunque, si lo prefieres, puedes cambiarlo por cualquier deporte que te guste (tenis, pádel, etc.). Las consecuencias de este entrenamiento son: aumenta el tamaño del corazón y también el grosor de sus paredes, con lo que tu corazón se hará más grande y más fuerte. También mejoran tus sistemas respiratorio y circulatorio. Otra ventaja del entrenamiento cardiovascular es que ayuda a fortalecer las piernas, y evita muchos problemas de circulación, retención de líquidos y pesadez.

Además de mejorar tu salud, el entrenamiento cardiovascular se usa para quemar calorías. En una sesión de 45 minutos quemarás aproximadamente entre 350 y 500 calorías.

Para esta semana, suma un tercer día de ejercicio cardiovascular. Empieza por 15 minutos a un ritmo muy suave. Cada semana le sumarás 5 minutos más. Por ejemplo, la próxima semana harás 20 minutos. En la quinta semana, 25 minutos. Y así, hasta completar las 9 semanas.

MOTIVACIÓN

TU EDAD ES LA MEJOR PARA EMPEZAR A CUIDARSE

Yo tengo muy claro cuál es la mejor edad para empezar a cuidarse, ¡la tuya! Desde el mismo momento en que te empieces a cuidar, vas a disfrutar el doble de la vida. ¿Piensas que exagero? Pues creo que puedes disfrutar, incluso llegando al triple, cuanto más mayor seas. Y es que de jóvenes todos estamos más o menos bien, ya que los órganos no fallan por más que los maltratemos. Pero con el tiempo la cosa cambia. Por esta causa, a más edad, más motivos tenemos para cuidarnos.

En los gimnasios se nota que cada vez hay más actividades dirigidas a sectores de población de edad más avanzada. Hay que ir abandonando la idea de que el deporte es para jóvenes.

Debemos empezar a cuidarnos cuanto antes. Si lo haces cuando empiezas a notar los primeros achaques, será demasiado tarde. Aunque el ejemplo del coche sea un tópico, es muy válido en este caso. Si empiezas a cuidar tu coche cuando te dé los primeros problemas, estarás continuamente cambiando piezas y en el taller. Por el contrario, si lo cuidas desde el principio, con sus revisiones pertinentes, estará estupendo mucho más tiempo, por dentro y por fuera. Aunque tu cuerpo no pasa de moda como los coches, debes tener presente que no hay piezas de repuesto para él.

Es muy motivador cuando ves una foto de hace un año y piensas: «Vaya, qué gordito estaba». O cuando, a cierta edad, te miras al espejo y ves cómo te vas quitando años.

No hace mucho emitieron por televisión un *reality show* en el cual los participantes iban a una isla y comían solo lo que buenamente podían pescar o cazar. Una de las cosas más sorprendentes del concurso fue la expresión de los concursantes al mirarse en el espejo al cabo de unos días. La gran mayoría aparentaba mucha menos edad. Los comentarios eran: «Qué delgado. Si estoy como cuando tenía 16. ¡Qué bien!». Y es que no nos hace viejos la edad, sino la mala vida. Está claro que esta no es la manera correcta de perder peso, ya que perderlo rápidamente conlleva un efecto rebote (lo veremos en detalle más adelante). No hay que olvidar que los concursantes estaban atendidos y vigilados por un equipo médico. La moraleja es que la gente se ve mucho más joven cuando se quita kilos de encima.

Cuando finalices el libro, si te ha gustado la experiencia, te pido que se lo dejes a alguien cercano y querido, mayor que tú. Si tú estás satisfecho con los resultados, alguien de más edad se sentirá más contento aún.

SEMANA
4

SOBRE TU CUERPO

EL MÚSCULO

El músculo es el órgano contráctil de nuestro cuerpo. Tenemos más de 600 músculos, y en total forman el 40-50 por 100 de nuestro cuerpo. Las funciones principales de los músculos son:

- El movimiento.
- Los músculos, conjuntamente con los huesos, permiten al cuerpo mantenerse erguido y estable.
- Producción de calor. Al realizar contracciones musculares, se origina energía calórica.
- El sistema muscular sirve como protección para el buen funcionamiento de los órganos vitales.

Todos tenemos el mismo número de músculos y la misma composición muscular. Así que hay que olvidar la idea de que los músculos son patrimonio de unos cuantos que hacen pesas para desarrollarlos.

Tal vez sea por la imagen que tenemos del culturismo, la palabra músculo da miedo. Y especialmente a las mujeres, porque no quieren ponerse «demasiado fuertes». Pero eso sería quedarse en la superficie. Como hemos visto, los músculos tienen muchas funciones vitales para todos y cada uno de nosotros, y ninguna de ellas está relacionada con el culturismo.

Un buen sistema muscular te va aportar un sinfín de beneficios. Entre ellos destacan:

- Equilibrio corporal estético.
- Aumento del metabolismo basal. Reacciones químicas necesarias para mantener el cuerpo vivo en estado de reposo.
- Descarga de las articulaciones. Los músculos ayudan al esqueleto a soportar el peso del cuerpo.
- Reducción del tejido adiposo (grasa).

Como vimos la semana pasada, cuando haces ejercicio el músculo aumenta su tono y su volumen, con el consecuente aumento de peso. Probablemente, después de 3 semanas, este sea tu caso.

Hay que tener claro que no es lo mismo **tono muscular** que **volumen muscular**. Es una de las confusiones más frecuentes en el mundo del entrenamiento. Tono es la firmeza del músculo. El volumen, como su propio nombre indica, es la cantidad de masa muscular.

Para el aumento de volumen de masa muscular es necesaria la presencia de una hormona que es la testosterona. En el hombre su presencia es 20 veces mayor que en la mujer. Esa es la razón de que los hombres tengan una musculatura más voluminosa. También, por este motivo, el entrenamiento no tiene el mismo efecto en los hombres que en las mujeres.

En el caso de las mujeres, con el entrenamiento, el aumento de volumen muscular es muy sutil. Eso evita que se vean demasiado musculadas.

Recuerdo con cierto sentido del humor las veces que algunas mujeres me han pedido un plan de entrenamiento de 30 minutos, 2 días a la semana, advirtiéndome que no quieren «ponerse musculosas como un culturista». Yo siempre he respondido lo mismo: «Si fuera capaz de hacer eso, sería el mejor entrenador del mundo y de la galaxia». Como hemos podido apreciar, esto es imposible. Para adquirir tal volumen deberían entrenar 7 días a la semana, una media de 4 horas al día. A eso se añadiría una alimentación que triplica el número de calorías habitual, además de la ingesta de sustancias químicas.

Hay que romper el mito que relaciona las pesas con el entrenamiento de alto rendimiento. Un buen tono muscular es necesario para ti, para mí y para todo el mundo.

El músculo es nuestro gran aliado para eliminar las grasas. Como hemos mencionado brevemente en capítulos anteriores, el músculo es el mayor agente consumidor de energía del organismo. Pero no solo cuando hacemos ejercicio, sino 24 horas al día. Porque para mantener su tono, necesita alimentarse continuamente, y lo hace en gran medida a partir de las grasas que tenemos almacenadas. Por eso, un aumento en el tono muscular nos aporta un doble beneficio. Por un lado, nos da un aspecto mucho más firme. Por otro, quema la grasa que nos sobra. Este sería uno de los pilares básicos, si no el más importante de la estética corporal.

Alimentación

Aprende a leer la etiqueta. La información es poder

Como hemos comentado en el capítulo 2, el ser humano, arrastrado por su instinto de supervivencia, llevaba millones de años empujado a comer tanto como pudiese. Pero ese instinto tan bien evolucionado ya no tiene ningún tipo de validez. De hecho, la mejor forma de conocer el hambre real que tienes es siendo consciente de lo que comes y de lo que gastas al día.

Según la normativa europea, los alimentos envasados deben tener especificado en las etiquetas sus ingredientes. Eso nos facilita conocer de primera mano la composición de los alimentos. Por este motivo, debes aprender a leerlas correctamente.

En la parte superior de las etiquetas verás que vienen indicados los siguientes datos: kilocalorías y gramos de hidratos de carbono, de proteínas y de grasas.

Casi siempre viene la información por 100 gramos de producto. Pero a veces aparecen dos columnas: una te informa de las cantidades por esos 100 gramos, y la otra te presenta los componentes de una unidad de producto.

En la primera fila vienen las calorías (kcal) acompañadas de su equivalente en kilojulios (kJ). Es necesario fijarse en que estamos leyendo correctamente el valor.

En la fila siguiente, pero no de forma obligatoria, aparecen las proteínas. Suelen tener un valor más bajo, salvo que hablemos de productos de origen animal. Las proteínas tienen también 4 kcal por g.

Generalmente, en la tercera fila se especifica el aporte de los hidratos de carbono y debajo aparece un apartado que dice «de los cuales azúcares». Ahí nos señalan qué cantidad de esos hidratos vienen en forma de azúcares. Este dato es importante por el tema del índice glucémico, ya mencionado en la primera semana. Este dato nos informa de la cantidad de hidratos de absorción rápida, porque son, como hemos visto, los que más facilidad tienen de convertirse en grasa. Los hidratos de carbono tienen unas 4 kcal por g.

Por último, suelen aparecer las grasas. Al igual que los hidratos de carbono, tienen un desglose que dice «de las cuales saturadas». También es necesario revisar este punto. Como dijimos en el capítulo de las grasas, las hay «buenas y malas». Las saturadas son las malas, que, en general, no benefician a nuestro organismo. Las grasas aportan 9 kcal por g.

Vistas las kilocalorías de cada gramo de componente, a igualdad de gramos, las grasas aportan muchas más kilocalorías. Por eso, si las pirámides nutricionales recomiendan que, como máximo, un 25 por 100 de las kilocalorías diarias sean en forma de grasa, estamos hablando de que por cada 100 gramos solo 10 aproximadamente deben ser de grasa.

Así, la etiqueta que te vas a encontrar será, más o menos, como esta:

	100 g	Unidad (125 g)
kcal	73	92
Hidratos	11	13,8
De los cuales azúcares	9,3	11,7
Proteínas	2,8	3,5
Grasas	1,7	2,1
De las cuales saturadas	0,2	0,3

Sin embargo, no olvides esta información:

	100 g	Unidad (125 g)	Esta es la columna que no consta pero que tú debes calcular (por 100 g)
kcal	73	92	
Hidratos	11	13,8	44 kcal en forma de hidratos
De los cuales azúcares	9,3	11,7	37,2 kcal en forma de azúcares
Proteínas	2,8	3,5	11,2 kcal en forma de proteínas
Grasas	1,7	2,1	15,7 kcal en forma de grasa
De las cuales saturadas	0,2	0,3	1,8 kcal en forma de grasas saturadas

En ningún caso la composición de los alimentos debe convertirse en una obsesión. Pero está claro que si sabemos leer la etiqueta, conoceremos la proporción real de cada producto.

Por poner un ejemplo muy explicativo: el otro día estaba en el supermercado haciendo la compra, y me puse a estudiar los cereales. Una marca que anuncia sus cereales como un producto dietético y basa sus campañas publicitarias en enseñar a mujeres jóvenes y con muy buena línea tenía 7 g de grasa por cada 100 g. En cambio, unos cereales de los de toda la vida, compuestos por maíz, sin más, tenían 0,7 g de grasa por cada 100 g. Esto significa que los cereales que supuestamente te ayudan a mantener la línea tienen diez veces más grasa que los normales. Y casos como este hay muchos. Por eso, es necesario que sepas leer la etiqueta, y luego, decidas con libertad.

Consejo de la cuarta semana: toma los carbohidratos a primeras horas del día

Como vimos en la primera semana, los hidratos de carbono son la energía que tu cuerpo utiliza para uso inmediato. Eso supone que los tienes que quemar poco después de haberlos ingerido, porque el cuerpo tiene una capacidad limitada de conservarlos. También vimos que si nos pasábamos, los excedentes, los que no se usan, se convertirían en grasa.

Por eso es tan importante que seamos capaces de quemar todos los hidratos de carbono que ingiramos. Esto nos da una pista que no debemos olvidar acerca de cuál es el modo adecuado de consumir este tipo de alimentos. Es importante que tomemos las comidas ricas en hidratos de forma que nos resulten rentables. Hemos de poder utilizarlos y aprovecharlos. Por eso se recomienda ingerirlos en la primera mitad del día, de manera que vayamos a beneficiarnos de su energía con la actividad diaria. Si tomamos los hidratos en las primeras horas del día —hasta la hora del almuerzo (comida)—, matamos dos pájaros de un tiro. Por un lado, estamos más activos, puesto que disponemos de más energía. Por otro lado, conseguimos llegar a la noche casi vacíos de hidratos. Así, durante el sueño, el porcentaje de consumo de grasas supera notablemente ese 80 por 100 de la energía necesaria para mantener el metabolismo basal, es decir, para vivir.

Es necesario no cenar hidratos de carbono. Si ingieres energía cuando no la vas a necesitar, ya sabes lo que ocurre. Las cenas deben ser ligeras, como ya mencionamos en el capítulo 1, y bajas en hidratos, puesto que no los vas a precisar. Te recuerdo que, de esta forma, estarás adelgazando durante las 8 horas de sueño.

Por la mañana, al despertar, lo recomendable sería mezclar hidratos de absorción rápida con hidratos de absorción lenta en el desayuno. De esta manera, obtendrás energía al momento con los que se absorben rápidamente —no olvides que llevas muchas horas sin comer—, y energía de larga duración para el resto de la mañana con los hidratos de absorción lenta.

Y el resto de los hidratos tienes que repartirlos entre las dos siguientes comidas. Intenta que sean de absorción lenta, para que el cuerpo disponga de ellos a medida que los necesita.

Lo citado anteriormente corresponde a un estilo de vida tradicional. Pero va a depender sobre todo del ritmo de vida que lleves. Si tus actividades más pesadas las acometes durante la noche, entonces deberás retrasar la ingesta de hidratos. Lo importante es que no te sobren antes de ir a la cama.

A la hora de planificar tu ingesta de carbohidratos debes tener muy en cuenta que hay varios tipos. Y además, el factor más importante y por el que se diferencia un pastel de un arroz integral es el índice glucémico.

Como comentamos por encima en la primera semana, el índice glucémico es la velocidad con la que el organismo asimila los distintos hidratos. En el caso de los azúcares, este índice es muy alto. Eso significa que el cuerpo tarda poco en absorber los hidratos. Si absorbemos muchos de golpe, lo normal es que sus reservas se desborden y los excedentes se transformen en grasa.

En algunos sitios habrás oído hablar del índice glucémico como hidratos de absorción rápida o de absorción lenta.

Con los de absorción rápida ya hemos mencionado el riesgo de desborde. Es bueno consumirlos en los momentos en los que necesitemos energía rápida, pero nunca en cantidades elevadas. Sin duda, eso nos engordaría.

Por el contrario, los hidratos de absorción lenta son ideales para ir asimilando la energía que aportan a medida que la vamos consumiendo. El desborde resulta entonces más difícil.

ENTRENAMIENTO

ENTRENAR SIEMPRE ES BUENO. SOLO TIENES QUE SABER QUÉ NECESITAS

A todo en la vida se le puede encontrar su parte negativa. Incluso si te toca la lotería verás que hay cosas inherentes que no te esperabas y que no te gustan. Pero no por ello vas a renunciar a ese golpe de suerte.

Con el ejercicio pasa lo mismo. Basta que te cruces con un pesimista o un vago para que te diga que es malo. Pero a estas alturas ya todos sabemos lo bien que te vas a encontrar con un poco de deporte.

Es verdad que el entrenamiento perfecto no existe. Así que no te preocupes demasiado por los comentarios de desánimo que puedas oír. Estos comentarios se dicen acerca del entrenamiento, de la comida y de muchas cosas. La de veces que nos han mencionado que los huevos son buenos o malos, o la cerveza y así con un sinfín de alimentos. Pues también lo he oído de muchos ejercicios e incluso de un gran número de deportes. Hay quienes se justifican con pequeños detalles para excusarse de hacer ejercicio. Peor para ellos. A menudo, en alguna conversación alguien menciona que tal ejercicio es malo, o que los abdominales no son recomendables o que el golf es peligroso para la espalda. Esto es simplificar hasta lo absurdo.

Si tienes la aprobación de tu médico, y haces deporte de forma razonable, siempre te sentará bien. Desde luego, mucho mejor que quedarte en el sofá.

Como todo, el deporte tiene su parte buena y puede tener alguna parte nociva. Evidentemente, si te quedas en el sofá tienes menos posibilidades de lesionarte que si te vas a jugar un partido. Pero esto no es justificativo. Es como si te digo que respirar es malo, dados los niveles de CO_2, y tú decidieras no hacerlo.

Así que ya sabes que lo mejor para tu cuerpo es no quedarte en el sofá. A partir de este punto trataremos de diseñar el entrenamiento que mejor combine tus gustos y tus necesidades.

Por supuesto, es recomendable hacerse un chequeo médico que te autorice a ejercitarte o consultar a un profesional que te aconseje el ejercicio que necesitas. Pero el «reposo» ya se utiliza muy poco como tratamiento.

CONSEJO DE LA CUARTA SEMANA: FORTALECE LOS ABDOMINALES

Los abdominales, el objeto de deseo de los hombres y las mujeres, o por lo menos eso reflejan las revistas. Pero ¿realmente son tan importantes los abdominales?

Durante mucho tiempo los abdominales se han utilizado como reclamo publicitario. Por esta causa, la imagen de este grupo muscular que tenemos es más frívola que otra cosa. Pero este uso de los abdominales como reclamo publicitario no es casualidad. Tiene una justificación. Como mencionamos la primera semana, todo lo que es sano es atractivo, y esto ocurre con los abdominales. Que se vean estos músculos es un síntoma de que el porcentaje de grasa es suficientemente bajo. Es en la zona abdominal donde el cuerpo tiene mayor tendencia a acumular grasa. Por consiguiente, es la última zona en la que desaparece la grasa, sobre todo en los hombres, pero también en la mayoría de mujeres.

Pero, además, una pared abdominal fuerte es síntoma de salud. En la zona abdominal el cuerpo anda flojo de estructuras óseas. Posee simplemente unas vértebras, unidas entre ellas por unos discos de tejido blando, que acaban cargando el peso del cuerpo. Sin embargo, con una pared abdominal bien trabajada la columna se ve descargada de forma significativa. Y es que una buena pared abdominal ejerce de faja natural. Evitarás hernias discales y también hernias abdominales.

Por otra parte, la mayoría de los movimientos del cuerpo requieren una buena pared abdominal. El tronco soporta los brazos, convirtiéndose en sustento de todos sus movimientos. Con un buen tronco como soporte, los brazos mejoran su funcionalidad notablemente. Lo mismo pasa con cualquier movimiento que involucre las piernas.

Para las mujeres los abdominales no son tan deseados estéticamente. No obstante, son igual de necesarios para mantener una buena postura y unos movimientos elegantes y de calidad. A pesar de todo, en las mujeres es menos probable que se marquen estos músculos. La razón es la misma que afecta al resto del sistema muscular. Por un lado, porque cogen menos volumen, y por otro, porque las mujeres suelen y deben tener un porcentaje graso un poco más elevado que los hombres.

Así que olvida los anuncios y mira los abdominales como un síntoma saludable. No importa tu sexo ni tu edad. Una buena pared abdominal te va a aportar mucho bienestar.

Los dos días que dedicas a hacer ejercicio realiza algunos abdominales también.

MOTIVACIÓN

DEDÍCATE MÁS TIEMPO A TI

Probablemente trabajes, tengas una casa que atender, unos niños que reclaman tu tiempo, unos padres a los que se lo debes todo, un jefe que necesita un informe mañana y un amigo que quiere que le acompañes de compras. Y aun así, te dicen que vayas al gimnasio, que va a ser muy bueno para ti y que lo necesitas. Perfecto, ¿y quién hace lo demás?, te preguntarás. Es importante que te organices y que decidas sacar algo de tiempo para hacer ejercicio. En realidad, para dedicártelo a ti mismo. Es una cuestión de prioridades. Creo que puedo afirmar que todo el mundo que lo ha intentado de verdad y se ha «enganchado» al ejercicio saludable ha sido capaz de hacerlo todo e incluso de aprovechar más su tiempo.

Puedo hablar de ello con conocimiento. La mayoría de la gente a la que entreno no lleva una vida normal, sino con muchas más obligaciones y mayor responsabilidad de lo habitual. Generalmente son personas con empresas, de las cuales dependen muchas familias. Pero, al final, ninguna de ellas ha dejado de entrenar. Y todo porque se organizan y saben que es rentable dedicarse ese rato a sí mismos. Yo pienso que la gente que ha alcanzado el éxito en la vida suele ser exigente y organizada, capaz de sacar tiempo para todo y de ordenar adecuadamente su lista de prioridades, pero sobre todo de delegar.

Tal vez tengas que aprender a delegar. Y a dedicarte un poco más de tiempo. Si lo consigues, tú te acabarás queriendo más. Y los que están a tu alrededor, también.

En el momento en que lleves las 9 semanas entrenando serás capaz de notar los beneficios del entrenamiento. Entonces te darás cuenta de lo importante que es sentirte mejor. Solo así vas a adquirir la autoestima adecuada. Aprenderás a ponerte a ti y al cuidado de tu salud en los primeros puestos de esa escala de valores.

Bloquea tu agenda. Seguramente, si el día tuviera 30 horas, encontrarías tareas para llenar cada una de ellas. Me pregunto si una de esas tareas sería entrenar. Como no tenemos tiempo para hacerlo todo, es cuestión de priorizar. Y cuidarte debe ser una prioridad.

No olvides aquello de que solo tienes un cuerpo y es para toda la vida. Así que durante 1 hora, 2 o 3 días a la semana, bloquea tu agenda y dedícate el tiempo que necesitas para sentirte mejor. Restadas estas 3 horas semanales, mira si te quedan horas para el resto de tus quehaceres.

Si haces un poco de ejercicio, tendrás muchos beneficios, empezando por tu salud. Para aumentar la motivación se me ocurre simplificarlos en tres:

- Por un lado, segregarás endorfinas, que son unas hormonas que se segregan durante el ejercicio y que producen una sensación de bienestar. Su efecto dura aproximadamente 48 horas.
- Estarás más guapo o guapa, y te sentirás mejor con tu cuerpo y tu imagen. Eso se traduce en una mayor autoconfianza para afrontar tus retos diarios.
- El momento en que estás haciendo ejercicio lo reservas para ti, y en él haces lo que quieres. Por un rato dejas de sentir esa «esclavitud» del día a día, que nos lleva de un lado para otro sin pensar en el porqué. Este reencuentro contigo mismo hace que veas todo lo demás desde la distancia suficiente como para darle el valor real que tiene para ti.

SEMANA
5

SOBRE TU CUERPO
LAS GRASAS

En el capítulo 1 hablábamos de las grasas, pero de las de la dieta. En este nos dedicaremos a aquellas grasas que ya forman parte de nuestro cuerpo.

Las grasas son la opción más eficaz que tiene el cuerpo para almacenar energía: 1 gramo de grasa tiene aproximadamente 9 kilocalorías, más del doble que 1 gramo de hidratos. Además, no necesita casi agua para conservarse en el cuerpo. Esto es lo que ha hecho que la evolución la haya elegido como reserva energética corporal. Y es una suerte. Porque si conservásemos las energías en forma de hidratos, iríamos por ahí inflados como globos de agua. De ahí que podamos decir que la grasa es una forma de almacenamiento energético muy bien evolucionada, muy buena. No odies tu cuerpo por almacenar energía en forma de grasa. Te está haciendo un favor.

La grasa se almacena en unas células llamadas adipocitos, que aumentan o disminuyen su tamaño según la grasa que contengan.

Una de las enfermedades de este siglo en los países desarrollados es el sobrepeso. No resulta descabellado afirmar que la mayoría de nosotros tenemos un exceso de grasa en el cuerpo.

Debe quedar claro que adelgazar significa perder grasa. No se puede considerar que una persona adelgace por perder líquidos o masa muscular.

He oído en alguna ocasión a algún profesional decir que no hagas deporte si quieres adelgazar. No hay ninguna duda de que si dejas de moverte pierdes peso, puesto que el músculo se atrofia y mengua notablemente. Y como hemos quedado que el músculo pesa más que la grasa, está claro que vas a pesar menos. Pero esto tiene sus consecuencias negativas a medio plazo. Como has prescindido del músculo, has bajado notablemente el metabolismo basal y ahora necesitas muchas menos calorías para vivir. Esa es la causa de que, comiendo lo mismo, acumules muchas más grasas. No se puede considerar adelgazar a perder masa muscular, como tampoco se debe considerar engordar a ganarla. Si dejas el deporte, adelgazas en la báscula, pero engordas en porcentaje graso. Como hemos dicho antes, este es el resultado de dejar que el músculo esquelético se pierda. Provocas que el agente eliminador de grasa por excelencia desaparezca. Así, los acúmulos de grasa van aumentando progresivamente.

También hay muchos productos en el mercado que te prometen que vas a perder 2 kilos en 1 semana. Es posible. Si tomas diuréticos, puedes perder 2 litros de agua, pero en ningún caso serán de grasa. Las grasas tienen un tiempo de adelgazamiento. Cada kilo de grasa tiene 9.000 kcal, y un ser humano medio consume unas 2.000 kcal al día. Resulta imposible perder 2 kilos de grasa en 1 semana.

Ningún cambio rápido en tu cuerpo tiene posibilidad alguna de perdurar. Si pierdes mucho peso en poco tiempo, no será porque has consumido las grasas. Sencillamente habrás eliminado líquidos y poco más.

Este hecho es uno de los pilares en los que se apoya mi sistema.

Efecto yoyó

El efecto yoyó, a pesar de su nombre, no es ningún juego ni ninguna broma. Se trata de uno de los agentes causantes de la obesidad. El efecto yoyó consiste en una pérdida rápida de peso por desnutrición. Esto conlleva a una pérdida importante de masa magra, es decir, de músculo. Como hemos perdido masa muscular, que es la encargada de quemar las calorías, ahora quemaremos menos calorías. Pero cuando volvamos a comer como hacíamos al principio, acumularemos más grasa. Aunque no recuperaremos el músculo, por eso estaremos mucho peor que antes de haber iniciado el proceso.

A este respecto, es importantísimo que no adelgaces con dietas demasiado estrictas.

ALIMENTACIÓN

ADELGAZAR CORRECTAMENTE ES CASI MATEMÁTICO

Ya hemos mencionado que la grasa es una forma de almacenamiento de energía. Entonces, por lógica, para deshacernos de ella debemos consumir más energía e ingresar menos. ¿Pero cuánto?

También sabemos que, si retamos al hambre, tenemos las de perder. Así que, ¿cuánto puedo adelgazar de una forma saludable?

Si 1 g de grasa contiene 9 kcal, para quitarnos 1 kg de grasa deberemos quemar 9.000 kcal.

Una fórmula correcta sería tratar de ingerir 500 kcal menos al día. En 1 semana restaríamos 3.500 kcal de nuestra dieta. Por otro lado, al hacer ejercicio 3 veces por semana, a razón de 500 kcal quemadas por sesión, supondría que hemos eliminado 1.500 kcal a la semana. Si sumamos las 1.000 kcal quemadas y las 3.500 que no hemos comido, nos sale una disminución de 4.500 kcal menos por semana. Esto supondría perder medio kilo de grasa a la semana, o lo que es lo mismo, 2 kilos al mes. Así, 2 kilos al mes es el peso de grasa que se puede perder de manera sostenible.

Si quisiéramos despedirnos de 5 kilos de grasa, deberíamos utilizar esta fórmula durante poco más de un par de meses. Y, por supuesto, deberíamos mantenerlo con una buena actividad física y con pleno conocimiento de lo que comemos.

CONSEJO DE LA QUINTA SEMANA: CUIDADO CON LAS BEBIDAS

Muchas de las calorías que entran en nuestro cuerpo lo hacen a través de los alimentos líquidos, sobre todo en verano. Para poner un ejemplo sencillo:

- Cerveza.
- Zumo.
- Refresco.
- Cubata.

Cuando leas la etiqueta de los líquidos pensarás que no engordan tanto como creías. Sin embargo, con los líquidos hay que tener especial cuidado, pues la cantidad ingerida siempre es mayor que la de los alimentos sólidos.

Por poner un ejemplo: la cerveza puede tener unas 50 kcal por 100 ml. Pero nadie se toma 100 ml. Un tercio tiene casi 200 kcal.

Si bebemos en un día 1 cerveza, 1 refresco azucarado, 2 vasos de zumo y 1 copita de vino, estamos ingiriendo un total de 700 kcal extra en forma de líquidos. Para quitar la sed lo mejor es el agua. Y para refrescarse se puede tomar cualquier refresco o líquido bajo en calorías. No digo que no haya que tomar estos líquidos. Solo trato de poner en conocimiento lo que supone su ingesta. Muchas dietas bien llevadas, en lo que a sólidos se refiere, fallan precisamente en esto.

ENTRENAMIENTO

LOS ESTIRAMIENTOS

Los estiramientos son el ejercicio más rentable en lo que respecta a cantidad de tiempo y esfuerzo invertidos y resultados obtenidos.

Con unas pocas sesiones de apenas 5 minutos, enseguida empezarás a notar cómo tu cuerpo se vuelve más flexible. También comenzarás a tener un rango mayor de movimientos.

La sensación es de lo más gratificante. Es como si llevaras un traje apretado que impide tus movimientos. De repente te lo quitas, y te sientes mucho más libre y ligero.

Además, estarás más cómodo en muchas más posiciones. Tus músculos ya no serán el tope de tus movimientos.

Una pequeña lista de los beneficios más importantes del entrenamiento de la elasticidad es la siguiente:

- Te sentirás menos pesado.
- Te sentirás más ágil y coordinado.
- Tendrás menor riesgo de lesiones.
- Tus movimientos serán más amplios y elegantes.
- Tus músculos se alargarán, con lo que tus miembros tendrán un aspecto más esbelto y espigado.

Que los estiramientos te sientan bien es una obviedad. Y como consecuencia de ello se han puesto de moda actividades como el yoga o el pilates, basadas sobre todo en los estiramientos.

CONSEJO DE LA QUINTA SEMANA: ESTIRA

Busca un momento del día, el que mejor te vaya. Dedica de 5 a 10 minutos a estirar tu musculatura 2 veces por semana. Para realizar un estiramiento correctamente efectúa la siguiente secuencia. Colócate en una posición en la que el músculo esté un poco estirado, muévete muy poco a poco para alcanzar un nivel de estiramiento intenso, pero que en ningún caso debe llegar a doler. Una vez alcanzado ese punto, aguanta 10 segundos, y luego ve destensando poco a poco, hasta que desaparezca el estiramiento totalmente.

Repite este ejercicio 2 veces por músculo. Los grupos musculares que te conviene estirar son los más grandes e importantes: pectoral, dorsal, cuádriceps, femorales, gemelos y aductores. Con esto es más que suficiente.

Si en lugar de estirar por tu cuenta, prefieres meterte en una clase de yoga o de pilates, mejor que mejor. Recuerda que cuantas más actividades pruebes, más posibilidades tienes de encontrar la que te gusta.

Sea en casa o en clase, no dejes de hacer los estiramientos, pues son esenciales para tu bienestar.

MOTIVACIÓN

LOS DÍAS MALOS SON LOS BUENOS

El día que menos te apetece entrenar es el que más lo necesitas. «Hoy no me apetece nada ir a entrenar. De hecho, tengo un millón de cosas por hacer». Quién no ha pronunciado esta frase alguna vez

Como entrenador personal, una de las conclusiones a las que he llegado es que estos son los mejores días para entrenar. He visto que cuando los clientes llegan muy cansados y estresados, es justo cuando necesitan desahogarse, canalizar el estrés, equilibrar un poco el cansancio psicológico con el físico.

Sé que una de las funciones del entrenador personal es la de obligar. Y esos clientes seguramente no hubieran ido a entrenar si no fuera porque yo les estaba esperando. Pero a raíz de esa experiencia, he aplicado muchas veces en mis propias carnes que los días que menos me apetece entrenar son los que de verdad valen la pena. Además de la satisfacción producida por las famosas endorfinas, la satisfacción que te da el deber cumplido es 10 veces la de cualquier otro día. Te lo recomiendo, pruébalo, aunque sea un día. Luego, la decisión es tuya.

La mayor parte de las veces que decimos estar demasiado cansados para ir al gimnasio nos estamos refiriendo a un cansancio psicológico, un cansancio mental. Tal vez sea el trabajo, la familia o todo sumado, que nos provoca una situación de estrés importante. Justo en ese momento hay un gran desequilibrio entre tu estado mental, que podríamos catalogar de exhausto, y tu cansancio físico, que podríamos catalogar de inexistente. Está claro que tenemos tendencia a somatizar el estrés del día a día. Pero no olvides que hay una parte física en tu cuerpo que ha quedado descansada. Por eso, podemos decir que hay un gran desequilibrio entre tu cansancio físico y tu cansancio psíquico.

Esto va a dificultar que duermas bien. Tu cabeza no va a parar de dar vueltas y tu cuerpo está totalmente descansado. Esa es una mala combinación si quieres dormir.

Pero si finalmente decides hacer algo de ejercicio, conseguirás, por un lado, que el cansancio físico haga que tu cuerpo sí necesite descansar. Eso te ayudará a regular el sueño. Y por otro lado, el estrés mental se irá rebajando a medida que avanza la sesión. Las endorfinas te ayudarán a descubrir un enfoque más positivo a los problemas. Conozco mucha gente que, cuando no puede con un problema, se va a correr. Durante la carrera hay más posibilidades de encontrar la solución que si te quedas sentado delante de la televisión dando vueltas a lo mismo.

Tengo un cliente de entrenamiento que me llamaba siempre antes de una reunión importante. Él, como buen empresario, sabe que hay que sentarse sereno a una mesa de negociación. Haz la prueba.

Otro ejemplo muy esclarecedor. Cuando me ha tocado estar en la recepción de un gimnasio, me ha llamado la atención la diferencia en la cara de la gente en el momento de entrar y en el de salir. Es como si fueran personas distintas. Y en solo 1 hora. Es muy gratificante.

SEMANA
6

SOBRE TU CUERPO

NO EXISTE LA QUEMA DE GRASA LOCALIZADA

No se puede elegir de dónde se quiere adelgazar. No es posible perder grasa en unas zonas del cuerpo y en otras no. No puedes eliminar la grasa de la tripa y tener una zona abdominal impresionante habiendo dejado la grasa en los brazos o en la cara.

Esta es una de esas malas noticias a las que no se puede dar una solución fácil.

Tu cuerpo va absorbiendo la grasa por igual. ¿Y por qué hay quien adelgaza más por un sitio que por otro?

En realidad, no es que se adelgace más por un sitio que por otro. La explicación es muy sencilla. Al tener zonas con la capa de grasa más fina, proporcionalmente apreciarás una mayor disminución que si eliminas el mismo grosor de capa en otra con mayor abundancia de tejido graso.

Así, muchas mujeres dicen que solo les adelgaza la cara, y no es cierto. Al tener menor capa de grasa en la cara, los resultados se aprecian enseguida en esta zona.

Las partes donde los hombres y las mujeres suelen conservar sus grasas son las siguientes:

- Los hombres tienen tendencia a acumular la grasa sobre todo en la zona abdominal y en la pectoral,

por lo que sus reservas de grasa se suelen localizar en abdomen y pecho. El hecho de marcar abdominales viene a significar que has eliminado el porcentaje máximo de grasa.
- Las mujeres tienen tendencia a acumular la grasa en la zona de las caderas y en la abdominal.

En este sentido, es más fácil entrenar a un hombre que a una mujer. Si le quitas grasa y le pones músculo, el hombre acabará viéndose bien.

Cuando entreno a un hombre con sobrepeso, los primeros meses se repite siempre la misma batalla. El peso del músculo ganado casi compensa el peso de la grasa perdida. Por esa razón, en la báscula casi no se aprecian resultados. Y como la capa de grasa originalmente es tan ancha, aunque pierdan la mitad seguirán teniendo la misma forma. Es necesario perder mucho porcentaje de grasa para que se lleguen a perfilar los músculos. Por eso siempre les pongo el ejemplo del plato de sopa: «Imagínate un plato de sopa con un dibujo en el fondo. Puedes estar comiendo sopa y no verás el dibujo, que solo apreciarás cuando te quede muy poca. Eso pasa con los abdominales y el resto de los músculos. Mientras tengas una capa de grasa encima, da igual que esta sea de tres o de seis centímetros. No verás tus relieves hasta que la hayas eliminado toda».

De repente, un día se empiezan a ver algunos grupos musculares, y luego otros. Y así hasta llegar a los abdominales.

Las mujeres tienen una genética diferente. Ellas deben mantener un porcentaje de grasa más elevado que los hombres, porque la necesitan para diversas funciones.

Para conseguir el cuerpo que quieren las mujeres, hay que jugar con los volúmenes, dando mayor tono a algunas zonas o a otras. Pero una cosa es cierta: no he conocido nunca a ninguna mujer a la que le favorezca la vida sedentaria.

ALIMENTACIÓN

PUEDES COMER LO QUE QUIERAS, SOLO DEBES SABER CUÁNDO Y CUÁNTO

El apetito no es un capricho de tu cuerpo para tentarte vilmente y obligarte a engordar y estar más feo. Al contrario. El apetito es una «alerta» activada por tu organismo para informarte de que cierto nutriente —mineral, vitamina, etc.— escasea en tu cuerpo. Y ha llegado la hora de volver a ingerirlo. Por eso el cuerpo te pide un alimento rico en el nutriente en cuestión. El caso más evidente que ilustra este tema es el de las embarazadas, que, de repente, tienen apetencias de lo más curiosas. Y es que crear una nueva vida requiere una alimentación más rica en los distintos nutrientes.

De esta forma, cuando te apetece algo, hay que darle el gusto al cuerpo. Pero esto no es sinónimo de libertinaje. Como siempre, volvemos con el tema de las cantidades. Una vez más, es importante que aprendas a diferenciar entre la necesidad real de tu cuerpo y el hambre descontrolada.

Cuando te apetezca algo, no te prives de ello. Sin embargo, ingiérelo en una medida mucho más controlada de lo que lo hubieras hecho antes de empezar a leer este libro. Pero date el gustazo.

¿Y qué hago cuando se me antoja algo que engorda?

Es verdad que cuando tienes ganas de un alimento determinado, significa que el cuerpo te lo está pidiendo porque lo necesita. La solución es sencilla. Si te apetece algo, lo que tienes que hacer es preguntarle a tu consciente. Y una vez resuelto el dilema, entonces puedes comer eso que te apetece, pero con medida.

Muchas veces es más fuerte la ansiedad derivada de la prohibición que la propia necesidad. Por este motivo utilizo un truco con mis clientes: cuando les apetece un alimento no recomendado, les aconsejo que lo coman al día siguiente. De esta manera, si el antojo es justificado, seguirán teniendo ganas de satisfacerlo. Si es un ataque de gula injustificada, habrá desaparecido. Por ejemplo, si te apetece pizza a la hora de cenar, pregúntate antes si te conviene comerla. Si la respuesta es afirmativa, espera a la hora de comer del día siguiente.

Aunque debes tener siempre presente la siguiente frase: «Es más fácil no ingerir las calorías que quemarlas».

Semejante obviedad no es tan fácil de recordar cuando estás delante de una cena de amigos o del bufé de un hotel.

CONSEJO DE LA SEXTA SEMANA: COME 5 VECES AL DÍA

No retes al hambre. Es una batalla perdida.

La mayoría de las personas que se quieren cuidar se están retando continuamente. Están sin comer hasta que no pueden más. Y entonces se pegan el atracón. Lo ideal es comer 5 veces al días y poca cantidad.

Con ello conseguirás varios beneficios, y alguno de ellos ya lo conoces:

- Nunca pasarás hambre.
- Nunca tendrás mucha hambre acumulada. Y no tendrás la tentación de los grandes atracones.
- La misma cantidad de calorías distribuidas en más comidas engordan menos. Cada vez que se arrancan los procesos digestivos, se gastan un número elevado de calorías.
- Nunca desbordarás las reservas de glucógeno, y no se transformará en grasa.

Pero no hagas como un amigo mío que trabaja de camarero en la barra de un bar. Dice que come muchas veces, pero poca cantidad. Y no miente en lo de poca cantidad y menos aún en lo de comer muchas veces. Aunque come tan seguido que se podría decir que solo come una vez al día todo lo que puede. Piensa en el total de las calorías diarias.

Cuando tengas hambre, come, ¡¡pero lo justo!!

ENTRENAMIENTO

EL SISTEMA CARDIOVASCULAR

El sistema cardiovascular es el encargado de repartir alimento y oxígeno a todas las células del cuerpo. Para ello usa como medio de transporte la sangre. La sangre es bombeada por el músculo más importante de tu cuerpo: el corazón.

El corazón es un músculo que, con sus bombeos, mueve la sangre hacia las células para el reparto por todo el organismo. Si las células necesitan mayor aporte de oxígeno —por ejemplo, por causa del ejercicio—, entonces el corazón tratará de aumentar el reparto elevando el número de pulsaciones.

El corazón, al igual que el resto de los músculos estriados, se puede y debe entrenar. Y la forma de hacerlo es exigiéndole un esfuerzo de vez en cuando.

Un corazón fuerte te garantiza una mejor salud. Y sobre todo te ayuda a evitar problemas cardiovasculares, tan frecuentes en nuestra época.

Con el ejercicio, el corazón aumenta su capacidad; es decir, aumenta el volumen de sangre que mueve con cada latido. Por esa razón, un corazón entrenado baja el ritmo de pulsaciones en reposo. Por otro lado, incrementa el grosor de sus paredes o, lo que es lo mismo, la fuerza. Y entre otras muchas ventajas, ayuda a evitar las insuficiencias cardiacas.

El ejercicio cardiovascular se divide fundamentalmente en dos clases: una es el ejercicio aeróbico y la otra el ejercicio anaeróbico.

Con el ejercicio aeróbico el corazón es capaz de bombear la suficiente sangre a las células musculares como para que vayan recuperando el oxígeno a medida que lo usan. Este tipo de ejercicio es sostenible durante un periodo largo de tiempo.

Por el contrario, con el ejercicio anaeróbico el oxígeno utilizado por las células musculares es mucho mayor que el recibido a través de la sangre. Este tipo de ejercicio no es soportable durante mucho tiempo.

La ventaja que tiene el ejercicio aeróbico es que, al haber presencia de oxígeno en las células, la energía se obtiene en su mayoría a partir de las grasas.

La ventaja del ejercicio anaeróbico es que mejora tu sistema cardiovascular y pulmonar en mayor medida.

No obstante, ambas modalidades no son excluyentes. En todo ejercicio, la energía se obtiene en parte aeróbicamente y en parte anaeróbicamente. Por este motivo, cualquier tipo de ejercicio que hagas va a ayudarte a quemar grasas y también mejorará notablemente tu sistema cardiorrespiratorio.

CONSEJO DE LA SEXTA SEMANA: INTRODUCE NUEVOS EJERCICIOS CARDIOVASCULARES

Prueba los ejercicios cardiovasculares que puedas. Y sabrás por propia experiencia el que más te gusta.

Inténtalo con la bicicleta. La encontrarás en dos modalidades: la bicicleta estática de toda la vida o la bici de ciclo *indoor*, más conocida en los gimnasios como *spinning*.

También está la cinta. No es necesario que corras si no quieres. Puedes andar e incluso aumentar la pendiente para que te cueste más y te muevas en las pulsaciones deseadas. Encontrarás otros aparatos, como las máquinas de remo, las elípticas o los *steppers*.

Debes estar 15 minutos en cada uno de ellos, de manera que sumes un total de 45 minutos durante los cuales uses tres máquinas. Si te encuentras más o menos bien, podrás meterte el segundo día en una clase de *spinning*. Si no es así, aprovecha el segundo día para entrenar los 45 minutos, pero tal vez con otras máquinas que aún no has probado.

Cosas que debes tener en cuenta de cada máquina:

- La cinta. No es necesario que corras. El primer día es más recomendable que camines a velocidad rápida, y que te familiarices con el movimiento. Una vez te sientas cómodo, puedes empezar a correr. Pero si no te gusta, o lo tienes prohibido, siempre puedes subir la inclinación de la máquina. Así aumentarás notablemente las pulsaciones. Debes tener cuidado en caminar recto, porque si hay un punto de atención (tele o compañero) a un lado, es muy posible que te vayas hacia él.
- La bicicleta. Es una máquina muy sencilla y tiene muchas posibilidades. Todo el mundo sabe andar en bicicleta, y más si es estática. Así que sube y mantente a las pulsaciones recomendadas. Para alcanzar esas pulsaciones es recomendable que subas la resistencia. Es ideal para aquellos que han sufrido lesiones articulares que les impiden correr. Pues en la bicicleta no hay impacto alguno. Pregunta al monitor cuál debe ser tu posición (altura e inclinación) del sillín antes de subirte. La frecuencia buena se encontraría en torno a las 65 pulsaciones por minuto, aunque se pueden subir o bajar puntualmente.
- La elíptica. Es una mezcla entre las dos anteriores. Consiste en un movimiento casi circular como el de la bicicleta, aunque en este caso más bien elíptico, de ahí su nombre. Se hace de pie. Es muy buena también por su ausencia de impacto. Y es ideal para alternarla con la bicicleta, pues, al ir de pie en una y sentado en la otra, se hace más llevadero

combinarlas. Para subir las pulsaciones, es recomendable aumentar la resistencia. La frecuencia buena está en torno a las 45 revoluciones por minuto. También se pueden variar.

- El remo. Es estupendo, porque se trabajan, además de las piernas, los brazos. Con ello se suben antes las pulsaciones. Hay que estar un poco más en forma y es un ejercicio que requiere más técnica. Sería aconsejable que te lo explicase el monitor. Cuando ya se ha aprendido su mecánica, resulta muy divertido.

Sea cual sea la máquina que elijas en primer lugar, es primordial que empieces muy progresivamente. Los órganos necesitan irse ajustando a las necesidades. De lo contrario, empezarás creando una deuda de oxígeno muy importante que arrastrarás toda la sesión.

Además de las dos sesiones de cardio, haz una de pesas o clases colectivas.

MOTIVACIÓN

NO EMPRENDAS ESTE CAMINO SOLO

Lo bueno del gimnasio es que se puede entrenar solo. No es necesario, como en la mayoría de los deportes, que quedes con unos amigos para practicar. Seguramente esta sea la clave del éxito de los gimnasios.

Pero en estas aventuras de cuidarse o cambiar de hábitos siempre es bueno tener un compañero de viaje.

Alguien con quien compartir las experiencias vividas en cada instante y en quien apoyarse en los momentos en los que cueste un poco más estar motivado.

Si buscas entre las personas que te rodean, seguro que encuentras a alguien con quien hayas tratado alguna vez la posibilidad de ponerte en forma y con quien te puedas animar mutuamente.

Uno de los motivos más importantes es la falta de tiempo, sobre todo si tienes familia a tu cargo, trabajo, etc. Yo conozco a una pareja que tiene dos niños, y que han decidido ponerse en forma. Los dos se han apuntado al gimnasio y han hecho el trato siguiente: van en días alternos, y al que le toca quedarse en casa cuida de los niños. Sobre el papel parece que no es una buena idea, puesto que la mitad de los días no pueden aprovechar el gimnasio. Sin embargo, el sistema es perfecto para que falten muy poco. Saben, por un lado, que el ejercicio es una liberación del estrés que tienen acumulado. Otro de los factores que les impulsa a ir es que, si dejan de ir 1 día, no podrán volver hasta pasados 2 días, y eso da bastante rabia. Y lo peor de todo es que, si no van al gimnasio y su pareja sí va, se pondrá en mejor forma. Y a nadie le gusta verse peor que su pareja o que la persona con la que compartes tu tiempo.

Además, en el caso de la comida, siempre es más fácil de cumplir cuando la persona que tienes al lado hace lo mismo que tú.

De una manera u otra, es importante ir de la mano de alguien.

SEMANA
7

Sobre tu cuerpo

No todos los cuerpos son iguales

Todos tenemos cuerpos parecidos en aspecto y casi idénticos en funcionamiento. Especialmente si los comparamos con los de una hormiga. Pero cada cual tiene sus características que lo hacen único e incomparable.

Si nos comparamos con los protagonistas de las portadas de las revistas, con toda probabilidad saldremos perdiendo. Si no es el caso, ¡enhorabuena! Pero si lo es, no te preocupes, no eres la excepción. Está claro que estos modelos son una referencia. Esa es la razón de que protagonicen tantas campañas. De todas formas, eso no significa que tengas que parecerte a ellos. Ellos, además de trabajar con sus cuerpos —por lo que se dedican profesionalmente a cuidarlos—, han nacido con unas características apropiadas de peso, altura...

Como no tenemos la misma genética que ellos, no debemos compararnos. Sería frustrante tratar de imitar a otro cuerpo sin tener la constitución apropiada. Tal vez seas más alto o más bajo, más ancho o más fino... Pero lo mejor que puedes hacer es tomarte como referencia a ti mismo. De lo contrario, siempre saldrás mal parado, tanto si tratas de equipararte a un supermodelo como a tu vecino. Tú tienes tu propia genética.

Quizá el cuerpo que quieres no es el que te conviene.

En mi trayectoria como entrenador he visto muchos casos de personas que no se sentían a gusto con su cuerpo. Tales complejos provocaban que desearan ser todo lo contrario de lo que eran. En muchas ocasiones, ha venido a verme gente delgada, sobre todo hombres, pidiéndome un cuerpo casi de culturista. Y, desde luego, no era lo que les convenía. También han acudido a mí mujeres con cierto sobrepeso que deseaban parecer modelos de pasarela. Y no es solo que no se ajuste a su físico, es que, además, resulta sencillamente imposible.

Veo todos los días a chicos de 18 años que me piden la fórmula para coger peso y a hombres a partir de 35 que buscan justo lo contrario. Esto significa que algo falla. El joven pretende adquirir músculo de manera rápida, y el más maduro, todo lo contrario, nada de nada.

Volvemos a lo mismo. Las revistas muestran cuerpos perfectos, y los presentan como algo habitual, que se puede conseguir con facilidad. Pero nada más lejos de la realidad.

No debemos considerar esta cuestión una mala noticia. Todo lo contrario. Eso te convierte en alguien único.

ALIMENTACIÓN

ERES LO QUE COMES, COMES LO QUE COMPRAS

Una alimentación equilibrada empieza por una compra equilibrada. Hay un principio que nunca falla, y que es fundamental para tener éxito en tu nueva vida sana: todo lo que compres acabará en tu estómago, o en el de tu familia. Adquirir cosas poco sanas e intentar llevar una dieta sana es algo imposible. Tu dieta se va a componer de lo que compres.

Por compra sana no se entiende comprar lechugas y tomates, y a partir de ahí lo que uno quiera. Si compras un paquete de patatas fritas o de cortezas de cerdo, ya sabes que vas a acabar comiéndolas. No importa lo buenos y sanos que sean el resto de los productos que hayas traído a casa.

Ten siempre en cuenta que eres lo que comes y comes lo que compras.

Recuerdo el caso de un joven de 17 años que vino a mi consulta. Al ser menor, acudió acompañado por sus padres. Los tres tenían un sobrepeso considerable. La madre me aseguraba que su niño comía sano. Era evidente que no era así. La gente come lo que tiene en casa. Por mucha verdura que la madre le hirviera, el niño siempre acababa en el cajón de la despensa en el que guardaban todos los alimentos inadecuados.

No puedes tener al enemigo en casa. Intenta hacer la compra con cabeza. Las marcas comerciales y los supermercados quieren que consumas. Y van a concentrar sus esfuerzos en que te apetezca hacerlo. No los subestimes. Su capacidad para hacer que adquieras o no un producto es muy fuerte. Piensa en la cantidad de dinero que invierten en sus campañas publicitarias, en su imagen, o simplemente en su posicionamiento. Pero contra eso hay algunos trucos que te pueden ayudar a esquivar las tentaciones.

- Ve a comprar sin hambre. Es uno de los trucos más viejos, pero que mejor funcionan a la hora de hacer una compra sana. Al ir con el estómago lleno, eres casi inmune a las llamadas de atención de ciertos productos.
- Otro truco muy bueno es el de llevar una lista y no salirse de ella bajo ningún concepto. Es mucho más consciente el hecho de escribir el nombre de un producto capricho que el hecho de meterlo dentro del carro.
- Tal vez la forma más efectiva de evitar estas tentaciones es no yendo al lugar donde se producen. Para ello ya hay varias formas de hacer la compra sin ir a la tienda. Internet o el teléfono son maneras ideales de comprar sin sucumbir a los productos que no nos interesan.

No lo olvides, compra sano y comerás sano.

CONSEJO DE LA SÉPTIMA SEMANA: DOS COMIDAS LIBRES A LA SEMANA

El apetito —el hecho de que te apetezca algo, algún alimento en concreto o algún plato— no es sencillamente un capricho del cuerpo. Suele obedecer a necesidades de algún nutriente, algún mineral, alguna vitamina...

Por muy bien diseñada que esté una dieta, es necesario dejar hablar al cuerpo y escuchar lo que nos pide. Una buena manera de solucionar este punto es haciendo dos comidas libres a la semana. De esta forma, te aseguras de que nunca faltará ningún nutriente en tu dieta.

Además de este motivo, que tiene peso por sí mismo, también es bueno dejar comidas libres en la cuestión de las cantidades. Hay que sentirse saciado alguna vez. Así se evita la sensación de que nunca más vas a poder comer relajado en cuanto a las cantidades se refiere. Es la mejor manera para evitar los atracones provocados por el síndrome de la abstinencia.

Dicho de otra manera: el hecho de poder hacer algunas comidas libres es la válvula de escape que nos ayuda a regular la presión de cuidarnos, tanto en calidad como en cantidad.

Cada vez que tengas el impulso de comerte algo no recomendable, solo tienes que pensar en que en el fin de semana, durante una de esas dos comidas libres, podrás comerlo. Se te quitará el ansia de no poder probarlo.

En principio, serán dos comidas libres. Siempre da más sensación de libertad. Pero en el caso de que comamos realmente demasiado en esos momentos, convendría limitarlo a una. Pues se pueden ingerir muchas calorías en una sola comida. Depende de ti tener una o dos comidas libres a la semana.

ENTRENAMIENTO

LAS PESAS SÍ ACTÚAN DE FORMA LOCALIZADA

En semanas anteriores hemos dicho que no existe la quema de grasa localizada. Sin embargo, sí que existe el entrenamiento localizado. Se pueden trabajar los músculos de una zona o de otra. Eso significa que se puede dar más tono o volumen a una zona en la que lo necesitemos más. Por consiguiente, sí que se puede entrenar para conseguir unas formas determinadas.

Es cierto que hay mejoras que a todos nos vienen bien: un corazón más grande y más fuerte, una pared abdominal apretada...

Pero una vez conseguidos unos parámetros generales aceptables, podemos hacer aquellos ejercicios específicos que nos permitan trabajar zonas musculares allí donde lo necesitemos más. Además de una base común que todos precisamos, cada cual tiene su fisonomía. De ahí, como hemos dicho, que haya una parte del entrenamiento que tiene que ser específica y personal, y debe diseñarse para cada persona. Es recomendable que el plan de entrenamiento sea elaborado siempre por un profesional.

Algunos de los aspectos a los que puede ayudar el entrenamiento con pesas son los siguientes:

- HOMBRES: Los hombres que no están en forma tienden a acumular la grasa en la zona del tronco. También pierden volumen en los brazos y las piernas por la atrofia de no usarlos. Por eso, muchas veces creemos que hay que actuar sobre el tronco, zona en la que tenemos que adelgazar, y nos machacamos a abdominales. Para eliminar las grasas del tronco sería necesario que fortalecieras toda la musculatura del cuerpo, haciendo especial hincapié en los brazos y las piernas. Así quemarías la grasa progresivamente, como hemos visto en capítulos anteriores.
- MUJERES: Las mujeres tienen más tendencia a acumular la grasa en las piernas. Y no están muy

dispuestas a trabajarlas, pues imaginan que les van a crecer aún más. Esta es una suposición lógica, pero solo al principio. La evolución a largo plazo, si se fortalecen los músculos, es la de perder las grasas. De ahí que sea interesante fortalecer las piernas con trabajos específicos de esta parte del cuerpo. Otro de los puntos donde las mujeres pueden tener flacidez es en la parte posterior del brazo. Tal vez sea la parte más fácil de tratar. Con unos ejercicios de tríceps para tonificar la zona, se arregla en poco tiempo.

Consejo de la séptima semana: introduce algunas series de pesas en tu entrenamiento

Llevas 6 semanas completas, casi mes y medio. Es el momento de meterte en la sala de pesas. Tal vez las hayas probado ya. Si es así, estupendo. Y si no, este es el momento indicado.

Ya hemos hablado alguna vez de la mala imagen que tienen las pesas, según en qué sectores de la población. Pero hemos dicho que es una mala imagen injustificada, pues suele estar relacionada con el culturismo. Asimismo, hemos mencionado que los músculos no están diseñados para el culturismo, pero sí para moverse, y bastante. Por esta razón, es conveniente que hagamos ejercicios con resistencia, ejercicios de pesas.

Los ejercicios de pesas aportan tono muscular; es decir, firmeza a la musculatura. Y un aspecto mucho más estético. Los entrenamientos de pesas son ideales para tonificar las zonas que tenemos menos duras en el cuerpo.

Los movimientos con pesas se trabajan de manera analítica. Eso significa que con cada ejercicio se trabaja un músculo, o mejor dicho, un grupo muscular. Así podemos atacar directamente a la zona que queremos fortalecer.

Acércate al monitor o monitora y pregúntale por los ejercicios para trabajar aquellas partes que más necesitas. Lo ideal es que sea un monitor o un profesional quien te los prepare, y vea cómo efectúas los ejercicios. Es conveniente para evitar lesiones.

Cuando ya conozcas los ejercicios y estés familiarizado con ellos, puedes y debes incluirlos en tu entrenamiento. A partir de ahora dedicarás unos minutos a las pesas en tu sesión de entrenamiento, una vez por semana como mínimo. Puedes hacer más, si consideras que lo necesitas y tienes tiempo.

MOTIVACIÓN
NUNCA ABANDONES

Ya llevas 6 semanas, casi dos tercios del reto de las 9 semanas. Lo más complicado ha pasado. No sé si a estas alturas apreciarás cambios en tu fisonomía en el espejo. Lo normal es que los notes, al menos en la ropa. Seguramente también percibirás que el día a día te cuesta cada vez menos y que te sientes más activo.

Si no has empezado a ver los resultados, es un momento crítico. A medida que avanzabas, mayor ha sido tu inversión en tiempo. Por este motivo, cuanto más tardes en ver los resultados, más peligro hay de que te vengas abajo.

Pero es muy importante que no tires la toalla. Piensa que estamos muy cerca. Y que si en esta ocasión no damos el paso definitivo, posiblemente ya nunca lo hagamos. Llevas seis semanas por el camino correcto. Te falta muy poco.

Puede ser que hayas fallado algún día, bien en la alimentación o en el ejercicio. Pero lo bueno del reto de las 9 semanas es que admite fallos. Si te lo has saltado 1 día, 2 o 1 semana entera, no pasa nada. Siempre hay que seguir adelante. Pase lo que pase y hagas lo que hagas, no dejes el reto a medias. Sería una enorme frustración de la que difícilmente te repondrías para afrontar futuros intentos de ponerte en forma.

SEMANA
8

SOBRE TU CUERPO

QUEMANDO A TODA MÁQUINA

En las conversaciones acerca de peso es muy frecuente oír hablar de las calorías ingeridas al día, lo que come cada uno. Menos frecuente, pero igualmente conocido, es el tema de las calorías que se queman a través del ejercicio. Hay numerosas tablas en Internet en las que se explica el número de calorías que se quema con cada actividad. Pero en esas conversaciones casi nunca se atiende a lo más importante: el metabolismo basal. Me refiero a la cantidad de calorías que quemas diariamente solo por vivir. La mayor parte de la gente desatiende esto último. Sin embargo, es el secreto para mantenerse en forma con menos esfuerzo. Las tres vías son igual de importantes y todas suman.

En este momento debes estar usando las tres vías, que hemos activado durante estas 7 semanas para eliminar grasa de tu cuerpo:

1. A través de la dieta. Una disminución de la ingesta de productos grasos y dulces, además de una alimentación mucho más ordenada, hace que ingreses menos calorías y que las aproveches más.

2. A través de ejercicio aeróbico. Se trata del ejercicio que realizamos con las clases, la cinta, la bicicleta o similares. Es lo que generalmente se conoce como cardio. Con él estamos quemando calorías procedentes de las grasas. Si lo hacemos 2 veces por semana, ya eliminamos una cantidad importante de grasa.
3. A través del ejercicio —sobre todo el trabajo con pesas— estamos dotando a nuestra musculatura de un tono más fuerte, de mayor firmeza. El músculo, para mantenerse firme, consume una energía extra, que en su mayoría procede de las grasas.

Si eres capaz de mantener estas tres vías de una manera regular, siempre vas a tener controlado el balance entre ingresos y gastos calóricos.

Ya casi en la recta final de las 9 semanas, hemos sido capaces de hacer el esfuerzo más complicado: poner en marcha estos tres mecanismos. Una vez hayas completado las 9 semanas, comprobarás que el resto consiste en dejarse llevar y que el trabajo más dificultoso ya está hecho.

Como casi todo en la vida, el esfuerzo más importante se tiene que hacer al principio. Muchas veces pongo el típico ejemplo del avión, que necesita mucho combustible para despegar y separarse del suelo, y luego con mucho menos se mantiene en el aire.

En el caso de ponerse en forma pasa lo mismo. Hay que hacer un esfuerzo muy intenso al principio. Tenemos que luchar contra años de sedentarismo y de ir acumulando grasas, además de la atrofia muscular que conlleva la vida actual.

Con los sistemas normales de adelgazamiento se pierde mucho peso al principio, pero luego se produce una ralentización. Esto es así porque nuestro músculo cada vez quema menos. Con este sistema se pierde poco peso al principio, pero mucho al final.

ALIMENTACIÓN

LAS DIETAS MILAGRO

A estas alturas de la película, ya pocos creen en las dietas milagro. A pesar de todo, mucha más gente de la que te imaginas las sigue predicando. Y, por supuesto, hay quienes las siguen probando. ¿Y cómo es posible que si no creen en ellas las prueben? Muy simple, por el «¿y si funciona…?». Para evitar precisamente esto, necesitas conocimientos rigurosos, que te den el criterio para decidir si vale la pena siquiera probar.

Si sabemos que todo lo que es sano es beneficioso estéticamente, ya tenemos mucho ganado. Así eliminamos de un plumazo las dietas milagro. Hoy en día encontramos centenares de ellas que prometen hacerte perder peso de forma rápida: la dieta de la piña, la del pomelo, la de la avena, la de la alcachofa, la de la manzana, dietas a base de batidos, disociadas, altas en proteínas, etc. Todas te garantizan resultados a corto plazo y duraderos.

Todas y cada una de ellas aseguran cosas como, «con esta dieta vas a perder 3 kilos a la semana», «pierde hasta

10 kilos en 1 mes con la famosa dieta X», etc. Ciertamente, puede que las dietas milagro te ayuden a perder peso rápido, pero... ¿a qué precio? Pues al precio de recuperar todo el peso perdido, o incluso más, y hacer muchísimo más difícil tu pérdida de peso a largo plazo, algo que NO te interesa en absoluto.

¿Por qué no funcionan? Pasas hambre y tu cuerpo necesita más energía de la que le estás proporcionando. ¿Consecuencia? El efecto yo-yó del que ya hemos hablado. Después de la dieta no puedes aguantar esas ganas irresistibles de comer y... ¡Vuelves a recuperar todo el peso perdido! Con el agravante, como ya hemos dicho, de que, al haber perdido mucha masa muscular durante la dieta, habrá descendido tu metabolismo basal. Ahora te costará más quemar las grasas.

Estás en la octava semana y ya sabes que para ponerte en forma debes comer 5 veces al día y practicar algo de ejercicio. De este modo conseguirás perder peso de una forma progresiva y duradera. El milagro lo haces tú, no la dieta.

Pero lo mejor para evitar cualquier error en la alimentación es que practiques el consejo de la octava semana.

CONSEJO DE LA OCTAVA SEMANA: COME SANO Y EQUILIBRADO

¿Cuántas veces habremos oído hablar de la necesidad de comer sano y equilibrado? Ahora, después de las primeras 7 semanas, ya vas conociendo de primera mano lo que es sano y lo que no.

Es un buen momento para introducir la variedad en nuestra dieta. A medida que vamos siendo capaces de saber qué nos conviene y qué no, tenemos mayor capacidad para cocinar o preparar unas comidas más sanas sin renunciar al sabor.

Las frutas y las verduras son las grandes olvidadas de la dieta actual. Como digo con mucha frecuencia, ¿qué mejor restaurante de comida rápida que la frutería? La fruta la puedes conseguir al momento, se conserva muy bien y es muy fácil de comer. Pero lo mejor que tiene es su generosa cantidad de vitaminas. Entonces, ¿por qué no comemos más fruta?

Las verduras son también ricas en vitaminas y, además, dan un sabor a los platos capaz de sorprender. A medida que vayas eliminando los productos grasos de tu dieta, y aproveches más los distintos alimentos sanos, comprobarás cómo el sentido del gusto va cambiando. Las verduras, que tan sosas te parecían, empiezan a ganar en sabor. Llegarás a un punto en el que ya casi no te apetece un filete, si no va acompañado de unas buenas verduras frescas.

Si tienes hambre y no sabes qué comer, no lo dudes, con una pieza de fruta o una ensalada no te equivocarás.

ENTRENAMIENTO

LA IMPORTANCIA DE UNAS BUENAS PIERNAS

Al hablar de unas piernas fuertes, no me refiero a unas piernas gordas —o demasiado musculadas—, sino a unas piernas duras.

Las piernas contienen la mayor parte del músculo esquelético. Por eso, si tenemos las piernas fuertes, este músculo va a necesitar una dosis extra de energía para mantener el tono (dureza). Una vez más, esta dosis extra de energía procede de las grasas.

Pero esta no es la única ventaja de tener unas buenas piernas.

No conozco a nadie que ande elegantemente sin tener unas piernas fuertes. La marcha, como casi todos los movimientos, nace en las piernas. En unas piernas fuertes se puede apoyar un paso firme, un paso elegante. Dicho negativamente, no conozco a nadie que no haga ejercicio y que ande con elegancia.

La buena noticia es que llevas trabajando tus piernas desde hace 7 semanas. Seguro que ya se nota en tus andares y en tus gestos mucha más armonía.

De ahí que, pase lo que pase, nunca descuides tus piernas.

CONSEJO DE LA OCTAVA SEMANA: ENTRENAR ES MEJORAR

Cada vez que hacemos algo, tendemos a realizarlo mejor. Lo mismo debe pasar con el ejercicio, sea cual sea. Es uno de los pilares fundamentales del entrenamiento: tratar de mejorar siempre.

En nuestro caso ocurre lo mismo. Cada uno de los días que hemos practicado deporte hemos mejorado. Y a medida que avanzamos, nos sentimos más sanos.

Para no estancarnos, tenemos que intentar que este progreso permanezca. Porque, en el momento en que dejemos de mejorar, pasaremos directamente a empeorar, pues uno no se puede quedar parado en el tiempo.

Cuando vamos a una clase dirigida, tenemos que tratar de hacerlo mejor que la última vez. Cuando nos subamos en la bicicleta, hemos de aguantar un poco más que la vez anterior, aunque sean 10 segundos. Y así con todo.

Por este motivo, hay que tratar de evitar la típica idea de que vamos al gimnasio a mantener. No es así. Vamos a mejorar. No vamos a batir un récord o a buscar una plaza en las siguientes olimpiadas. De ninguna manera. Pero intentaremos poco a poco vernos y sentirnos mejor. Lo bonito de los cambios lentos es que cada día te sientes rejuvenecer, pero progresivamente. Es como darle la vuelta al reloj.

MOTIVACIÓN

EXCUSAS QUE NO VALEN

A continuación vamos a analizar tres de las excusas más vistas y oídas. No las podrás volver a emplear.

La pereza

La pereza es un mecanismo que tiene tu cuerpo para ahorrar energía.

La pereza choca de frente con nuestros intereses, pues ahorrar energía es exactamente lo contrario de lo que queremos hacer. Piensa que si te quedas en casa, no vas a hacer nada diferente al resto de los días, nada que sea destacable y positivo. Seguramente solo sirva para seguir inmerso en una espiral descendente de amor propio y satisfacción personal. Por el contrario, si te dedicas tiempo y vas a hacer algo de ejercicio, verás cómo entras en una fase de optimismo que te ayudará a tener menos pereza al día siguiente. Y así sucesivamente. Te adentrarás, de esta forma, en una espiral ascendente de autoestima.

Ya sabes que únicamente necesitas 5 minutos de voluntad. Una vez hayas salido de casa, ya de camino al gimnasio, verás cómo mejora tu percepción de las cosas.

Esto no es para mí

Esto no es para mí, ya estoy mayor, no he hecho deporte en mi vida, me duele todo…, y unas cuantas excusas más que suenan muy parecidas. Posiblemente son las más populares. En España, como en el resto de Europa, se calcula que el 10 por 100 de la población está apuntada a alguna modalidad deportiva. Esto significa que en nuestro país hay más de 4 millones de personas que realizan ejercicio físico. Entre ellas aparecen personas de todas las edades, sexo y condición. Los gimnasios saben que hay un 90 por 100 del sector por explotar. Esa es la razón de que oferten continuamente clases para todo tipo de población. Clases más activas, más suaves, con o sin coreografías, y un sinfín de actividades que te sorprenderán. No digas esto no es para mí, porque hay muchas personas con tu perfil que se han beneficiado de la vida sana.

No tengo tiempo

Es la excusa más popular. La reina de las excusas. Nadie tiene tiempo para ir al gimnasio, si lo coloca en la última posición de sus prioridades. Y si el día tuviera 30 horas, tampoco tendríamos tiempo. Aunque se trata de una cuestión de prioridades, no de tiempo. Si quieres poner tu salud en uno de los primeros puestos en la escala de prioridades, no tienes más remedio que trabajar por ello.

En realidad, si lo piensas fríamente, es posible que no se te ocurran muchas cosas más importantes que tu salud.

Así que no digas no tengo tiempo. Reconoce que no tienes ganas o que no te importa tu salud. Pero tiempo para algo tan importante sí puedes conseguir.

Para que te animes a hacer algo de ejercicio, te diré, aunque suene a topicazo, que las personas que hacen ejercicio son mucho más activas y sacan mucho más rendimiento a las horas del día.

SEMANA
9

Sobre tu cuerpo

La postura

Puedes ser alto o alta, guapo o guapa, tener un cuerpazo, pero como no lleves una buena postura, va a parecer todo lo contrario.

La postura es el ejercicio más importante de todos y, a la vez, resulta el más rentable estéticamente. Alguien con una buena postura se va a ver muchísimo mejor que una persona desfigurada. Pero esta inversión no solo es rentable desde el punto de vista estético. Caminar correctamente, sentarte correctamente, permanecer de pie correctamente son minutos que le restas a tu edad.

Siempre que te acuerdes, fíjate en la postura que llevas y rectifícala si hace falta.

Como entrenador personal, antes de poner a mis clientes a hacer ejercicio, les explico la postura que deben adoptar y cómo han de andar. Soy consciente de que esto es garantía de éxito. Pues cuando consigo que empiecen a adoptar una buena postura, lo saben apreciar y lo comentan entre ellos.

También es verdad que, como entrenador personal, me satisface mucho más ver que uno de mis clientes camina bien y ha recuperado una buena postura, que el hecho de apreciar que ha perdido un poco de grasa. La explicación es muy sencilla, 1 kilo lo puede recuperar en muy poco tiempo, pero el hecho de mantener una buena postura va a hacer que el resto de sus días tenga una mayor calidad de vida, e incluso infinitamente mayor cuando llegue a la tercera edad.

Hablo de **recuperar** la postura óptima. Y es que, cuando somos niños, tenemos una buena postura. No verás un niño con la espalda curvada. El paso del tiempo y la debilidad muscular que nos provoca la inactividad son las causas de que las curvas de nuestra columna se acentúen.

Recuperar un buen tono y equilibrio muscular, además de poner un poco de atención de vez en cuando, es suficiente para que llegues a mayor en un estado físico óptimo.

Por otro lado, parecerás más alto, te verás más delgado, mucho más elegante y esbelto, y mucho más sano.

Puedes apreciar que en la tele hay actores que parecen poseer una elegancia natural. Jamás los verás encorvados. Por el contrario, aparecen siempre erguidos y con una postura absolutamente distinguida. Tú puedes ser igual que ellos. Con este truco, los beneficios del entrenamiento que has realizado hasta ahora se multiplicarán por dos. A eso hay que añadir que también se multiplicará por dos el valor aparente de tu vestuario, al igual que tu autoestima.

ALIMENTACIÓN

ALGUNOS CONCEPTOS SOBRE TU SISTEMA DIGESTIVO

La digestión, descrita de una forma muy burda, consistiría en un proceso en el que los alimentos son ingeridos y desmenuzados en trocitos tan pequeños que pueden ser absorbidos por el organismo, concretamente en la parte del intestino.

El primer paso sería masticar. Es en la boca donde se trituran los alimentos, además de mezclarse con la saliva. Inmediatamente se tragan y pasan al estómago, donde se dividen en trozos más pequeños por la acción de diferentes secreciones. Cuando los alimentos ya están suficientemente triturados, pasan al intestino. Allí son absorbidos por el organismo. A partir de entonces, ya puedes utilizar su energía.

Esto significa que hasta que los alimentos no pasan al intestino no puedes disponer de su energía. Por esa razón hay que tener ciertos conceptos claros.

Los alimentos refinados se absorben mucho más rápido que los no refinados. Es lógico. Al estar refinados, el proceso de digestión se simplifica mucho en el estómago. Esto tiene como consecuencia que los alimentos refinados —como, por ejemplo, el azúcar— se absorben mucho más rápido. Por eso, hay que tener cuidado y no tomar una cantidad excesiva en una misma ingesta. Es energía que se absorbe rápido y es fácil que desborde nuestros depósitos de glucógeno, como vimos en un capítulo anterior.

Los alimentos integrales no es que tengan menos calorías y por eso engorden menos. Es que tienen una digestión más lenta y con un vaciado en el intestino más progresivo. Es a causa de las fibras. Se podría decir que los productos integrales son más sanos porque tienen menor índice glucémico. Se absorben más lentamente, por lo que vas usando la energía a medida que disponen de ella, y así no necesitas almacenarla.

Las grasas siempre retrasan el vaciado del estómago, provocando que las digestiones sean más largas y pesadas. Al cuerpo le cuesta asimilarlas, sobre todo las grasas saturadas.

Las comidas de poca cantidad se digieren mucho antes que las copiosas. Si comes poco muchas veces, podrás controlar mejor la disponibilidad de la energía.

CONSEJO DE LA NOVENA SEMANA: COMER SANO FUERA DE CASA ES POSIBLE

Las jornadas laborales partidas obligan a muchas personas a comer fuera de casa. La mayoría de las veces se opta por tomar algún tentempié en restaurantes de comida rápida o algún menú. Esto provoca que seamos especialmente descuidados con nuestra dieta y con el aporte calórico.

Siempre que podamos, tenemos que dar prioridad a restaurantes de comida casera y variada. En los menús hemos de buscar un conjunto equilibrado con lo que nos ofrecen. Por ejemplo, si el primer plato es fuerte, como un guiso, el segundo debe ser ligero, o incluso prescindir de él. Si el primero es verdura o ensalada, ricos en fibra, el segundo puede ser el aporte de proteínas que nos falta: pescado o carne.

Otra clave a tener en cuenta es contabilizar el consumo de pan. Muchas veces se pasa por alto, y son muchos los hidratos de carbono que nos aporta, por regla general. Con una pequeña pieza tenemos suficiente. De la misma forma, hay que limitar el consumo de postres:

un café, una infusión o una pieza de fruta de temporada serán las mejores opciones para acabar bien una comida.

Intentaremos comer siempre a la misma hora y dedicarle al menos 45 minutos. Comer deprisa sin apenas masticar produce malas digestiones. Debemos conseguir que la comida sea un momento de relax, no de estrés.

Si una vez finalizada nuestra comida, nos entra una incómoda sensación de pesadez, una buena solución es dar un paseo. Una actividad física ligera contribuye a facilitar en gran medida la digestión.

El tupper, *la mejor forma de escoger lo que comes*

En algunas ocasiones he llegado a recomendar a algún cliente que tomase medidas definitivas para evitar perder el control sobre todo lo que comía. Él tenía que prepararse todas las mañanas o la noche anterior una cajita con los dos o tres *tuppers* correspondientes a las comidas que tenía que hacer fuera de casa. De esta forma, le quedaba prohibido comer cualquier cosa que no estuviera en la cajita.

Tal vez no haga falta recurrir a estos extremos, pero estos envases son, desde luego, una buena manera de programar lo que vas a comer. Tienes el control de tus comidas en todo momento: sabes cómo se han cocinado, te sirves las cantidades que necesitas y puedes poner exactamente lo que precises. Sin embargo, es conveniente agudizar la imaginación. Se corre el riesgo de caer fácilmente en la rutina a la hora de prepararte la comida diaria.

Entrenamiento

El ejercicio debe ser siempre una fuente de salud y no motivo de lesiones o comportamientos inadecuados

Como ya hemos mencionado, antes de la primera semana es necesario que visites al médico. Ha de ser él quien te autorice a practicar ejercicio físico y te marque la intensidad a la que puedes llegar.

También es importante que ante cualquier dolor o malestar detengas la actividad y consultes con tu médico.

Asimismo, es imprescindible que, si te sientes incómodo al realizar un ejercicio, lo modifiques o lo sustituyas por otro. No ejecutes ningún ejercicio que te haga sentir mal.

Debes realizar la actividad física siempre en condiciones favorables. Por supuesto, no hagas ejercicio ni con demasiado frío ni con excesivo calor.

Invierte en ropa cómoda, especialmente en un calzado apropiado. Un mal calzado puede convertir un buen ejercicio en inadecuado.

Y, sobre todo, solicita la supervisión de un técnico profesional cuando vayas a hacer algún ejercicio, al menos las primeras veces.

Consejo de la novena semana: calentamiento y vuelta a la calma

Todo el mundo sabe lo que es el calentamiento y la vuelta a la calma. Consiste en bajar las pulsaciones poco a poco después de entrenar. Ambas cuestiones son absolutamente recomendables. Incluso obligadas para aquellos que quieran hacer bien las cosas.

El calentamiento es esencial para evitar lesiones y mejorar el rendimiento del ejercicio que vamos a realizar.

Un buen calentamiento se compondría de los siguientes pasos:

- Un calentamiento genérico: es un calentamiento general de la temperatura del cuerpo. La forma más recomendable de hacerlo es en la bicicleta, con poca resistencia. O en la cinta, andando rápido y llevando una progresión hasta correr lento. Debería durar alrededor de 4-5 minutos de media, dependiendo un poco de la temperatura ambiental.
- Un calentamiento articular: movilizar, sin forzar, las articulaciones que implicaremos en el movimiento que vayamos a trabajar. Si vamos a hacer un trabajo de todo el cuerpo, es recomendable calentar un poco cada articulación.
- Un calentamiento muscular: realizar los mismos movimientos que vamos a trabajar, pero con menor resistencia, para que el músculo vaya cogiendo la temperatura y con ella la viscosidad necesaria.

Una vez que hayamos completado el calentamiento, con estos tres pasos y en este orden, estaremos preparados para hacer el ejercicio.

Cuando ha concluido el ejercicio, es necesario aplicar un pequeño proceso de vuelta a la calma. Hay que cesar progresivamente, bajando la intensidad, hasta detener la actividad. Este proceso debe ser lento. Así daremos tiempo a los distintos sistemas corporales que se habían acostumbrado al ejercicio a volver a su estado habitual. Me refiero en concreto al sistema cardiorrespiratorio y al nervioso. Al alcanzar este punto, es recomendable realizar una pequeña sesión de relajación de unos 5 minutos. Hemos de estar tumbados, sin hacer absolutamente nada.

MOTIVACIÓN

HAY QUE TRABAJAR CON OBJETIVOS

Aunque nos quede apenas 1 semana y pico para terminar el reto, siempre está bien mantener alta la motivación.

Una de las claves para mantener la motivación es trabajar con objetivos, porque siempre la refuerzan. El hecho de tener una meta clara hace que el éxito o el fracaso sean palpables. De ahí que nos esforcemos más. A nadie le gusta fracasar. Ni siquiera en las pequeñas cosas.

Sin embargo, los planes que se proyectan sin un objetivo definido están predestinados a venirse abajo. Entre otras cosas, si no hay una línea de meta, tampoco sabemos hacia dónde correr.

Los objetivos tienen que ser realistas y estar al alcance. Ponerse unas metas inalcanzables siempre conduce a la frustración. Además, es mejor establecerlas a corto plazo, de manera que se vayan consiguiendo pequeños objetivos. Así llegaremos a un punto mucho más alto de lo que esperábamos.

En el mundo de la salud es difícil marcarse objetivos, y el único que se nos ocurre siempre es el de pelear contra la báscula. El peso es el baremo por el que medimos nuestros éxitos. A pesar de todo, como dijimos en la segunda semana, el peso debe ser una referencia, pero no un fin. Sería bueno que un profesional nos marcase objetivos a corto y medio plazo en cuestiones diferentes al peso. Por ejemplo, el porcentaje de grasa o algún dato relacionado con marcas deportivas.

También tú puedes ponerte pequeñas metas cotidianas referidas al entrenamiento o a la dieta. Pero sea quien sea el que pone los objetivos, lo importante es que siempre los tengas. No debes ir por ahí entrenando sin tener claro para qué ni por qué.

REPASO POR SEMANA

REPASO DE LA PRIMERA SEMANA

Solo llevamos 1 semana y ya tienes gran parte del camino recorrido. El hecho de que hayas cumplido significa que estás totalmente decidido a cambiar tus costumbres por unas más sanas. Enhorabuena. Aun así, es conveniente repasar los puntos más importantes, aquellos que debes grabar en tu nuevo comportamiento.

Recuerda que estamos mejorando la salud. Eso nos llevará a tener un mejor aspecto, pues **lo que nos sienta bien, nos queda bien**.

Recuerda, asimismo, la diferencia entre los hidratos de carbono, las proteínas y las grasas. Los hidratos son la energía que hay que consumir poco después de haberla tomado. De lo contrario, se convertirá en grasa. Por eso no hay que abusar. Las proteínas son los elementos estructurales, los que nos ayudan o formar tejido. No interesa pasarse, porque suelen venir acompañadas de grasa y resulta nocivo para algunos órganos digestivos.

No olvides que debes controlar las cenas. De ello depende que estés **8 horas quemando grasas o acumulándolas**.

Es bueno igualmente que empieces a moverte. Te ayuda a poner en valor algunos órganos que estaban infrautilizados. Además de eliminar la grasa que te sobra.

Y, por último, recordar que ponerse en forma no debe verse como un esfuerzo infranqueable. Se trata de algo tan sencillo como tomar cuatro o cinco decisiones acertadas cada día.

REPASO DE LA SEGUNDA SEMANA

En estas 2 semanas has podido comprobar que hay momentos en los que te resulta muy fácil seguir el reto de las 9 semanas. Pero también hay otros en los que se te hace imposible. No te preocupes. Los cambios en tu estilo de vida no se consolidan de un día para otro. Es necesario un periodo de tiempo. Precisamente por eso nos tomaremos algo más de 9 semanas para hacerlo.

De la semana anterior es importante recordar que la salud es estética, y viceversa. Y también que el peso, tu peso, no es el parámetro definitivo para medir el nivel de salud. Lo que en realidad importa es el porcentaje de grasa.

Es asimismo significativo que seas consciente de lo que comes y que tengas claro lo que necesitas en cada momento. Lo que no precises es mejor que se quede en la despensa que en tu cintura.

Por ahora los consejos de alimentación que debes seguir son los siguientes:

- Controla las cenas. Así irás adelantando las ingestas de calorías a primeras horas del día, cuando las necesitas y las quemas.
- Come hasta que se te vaya la sensación de hambre. Lo demás no lo precisas. Los atracones son innecesarios.

También es bueno que hagas algo de ejercicio. Eso no significa que nos vayamos a convertir en grandes atletas. Pero ayudaremos a nuestro organismo a no ir tan forzado. Vamos a mejorar casi todos nuestros sistemas. Además, perderemos grasa, fortaleceremos las carnes y nos veremos mejor delante del espejo.

En último lugar, es importante que no te agobies en ningún momento por el esfuerzo. Todo lo que estás haciendo debe ayudarte a sentirte bien. Para ello no pienses en lo que te queda por delante. Ya te ocuparás cuando llegue el momento. Concéntrate únicamente en que este cuerpo en el que estás es el único que tienes y vas a tener toda tu vida. ¿Prefieres vivir en una casa desordenada o arreglada? ¿Prefieres ir en un coche casi sin motor y destartalado o en un coche potente y bien cuidado? Pues con tu cuerpo pasa lo mismo. Piensa en ti y cuídate. En un siglo en que la obesidad se mueve en números de epidemia en los países desarrollados, estar en forma es un valor al alza.

REPASO DE LA TERCERA SEMANA

Casi sin darte cuenta ya has cumplido una tercera parte del programa. Lo malo es que estás en la etapa en que los beneficios aún son tan sutiles que apenas los percibes. Pero lo importante es que estás sentando las bases de una nueva forma de vida. Y ya has dado los pasos más importantes. Conviene recordarlos:

Sobre tu cuerpo:

- Todo lo que es sano, te sienta bien.
- En esta fase en la que estamos no te debes preocupar ni por el peso ni por el contorno.

Alimentación:

- Debes conocer la diferencia entre hidratos de carbono, proteínas y grasas.
- Has de saber que las grasas en el cuerpo ya no son ni necesarias ni buenas.
- Tienes que aprender a distinguir lo que necesitas en tu dieta y lo que no.

Consejos que debes seguir:

- Controla las cenas. Hazlas ligeras.
- Come solo hasta que se te haya ido la sensación de hambre.
- Limita las grasas en tu dieta.

Entrenamiento:

- Prueba distintas actividades para ver las que te gustan.
- Esfuérzate un poco. Entrenar es mejorar.
- Es importante que evites la atrofia muscular.

REPASO DE LA CUARTA SEMANA

En las 4 semanas que llevamos hemos visto que lo que es sano, te queda bien. Y también hemos comprobado que el peso no es el dato más importante por el que medir tu condición física. El músculo es el agente que te adelgaza, porque para mantenerse necesita obtener energía a partir de las grasas. Y el músculo pesa más que la grasa. Así que, a veces, es mejor pesar más que pesar menos. Por eso, el peso no es el valor más importante.

También hemos aprendido a comer un poco mejor. Hemos recordado que casi no necesitas la grasa en tu cuerpo. Por tanto, es mejor dejarla en la despensa. También conseguimos diferenciar entre el hambre consciente y el hambre como consecuencia de un instinto, así como a distinguir los tipos de alimentos y a saber los que necesitas en función de su composición.

Directrices nutricionales:

- Controla las cenas.
- Come hasta perder el hambre, no hasta hartarte.
- Elimina las grasas de la dieta.
- Ingiere los carbohidratos durante las primeras horas del día.

Con respecto al entrenamiento, hemos aprendido que hay que entrenar si no nos queremos atrofiar. Hay que tratar de ponerse en forma, no solo por estar mejor desde el punto de vista estético, sino también por salud. Hemos visto igualmente que entrenar es mejorar y que todo lo que hagas te sentará bien.

Ya llevamos 8 sesiones más o menos suaves de entrenamiento. Hemos probado en ellas diversos ejercicios de diferentes clases. Ya te vas acostumbrando a sentir los beneficios de una buena sesión de deporte. Ahora sabes que, además de la estética, haces ejercicio porque es saludable para el cuerpo y para la mente.

Y es que te estás dando cuenta de que estar en forma es una sensación a la que nadie debería renunciar. No cuesta dinero y te proporciona mucha riqueza personal. También empiezas a percatarte de que cuidarte no te está costando tanto esfuerzo como creías. Al contrario. Dedicándote unas horas a la semana a ti mismo, le encuentras mucho más significado a todo.

REPASO DE LA QUINTA SEMANA

La salud es estética, y todo lo que hagas para sentirte bien te sentará mejor.

El peso es un dato relativamente importante. En realidad, lo significativo es el porcentaje graso corporal. Esto se refleja muy bien en los contornos. Como hemos dicho, el músculo pesa más que la grasa. Así, se puede aumentar de peso y haber reducido el porcentaje graso.

En la nutrición hemos visto que la composición de los alimentos es importante. En ella apreciaremos su capacidad de engordarnos. Por este motivo, hemos aprendido a leer la etiqueta de los productos. De esta forma, podremos calcular cantidades necesarias. También hemos mencionado por qué antes era necesario comer en grandes cantidades, pero hoy en día pasa lo contrario. Además, hemos logrado diferenciar el hambre consciente y el hambre inconsciente, y el hambre real del hambre innecesaria.

Los consejos que estamos siguiendo hasta ahora en la alimentación son los siguientes:

- Cena ligero. Controlar las cenas es importante para no coger peso por la noche.
- Come hasta que no sientas hambre, no hasta que no puedas más.
- Limita las grasas en tu alimentación.
- Toma los hidratos de carbono durante las primeras horas del día para poder aprovecharlos.
- Vigila lo que bebes.

También hemos aprendido que el entrenamiento es necesario. Un buen entrenamiento nos va a aportar un sinfín de beneficios: aumentará nuestro gasto calórico, eliminará grasas, fortalecerá nuestros huesos, ayudará a nuestras articulaciones y evitará la atrofia muscular, entre muchas otras cuestiones.

Esta semana entrenamos 3 días, los mismos que la próxima.

Y con respecto a la motivación sabemos que:

- Cuidarse no tiene que suponer ningún esfuerzo.
- La salud es la nueva riqueza.
- Cualquier edad es buena para hacer ejercicio, cuanta más mejor.
- Todos tenemos que dedicarnos más tiempo a nosotros mismos.
- Los días que menos apetece son los mejores.

REPASO DE LA SEXTA SEMANA

Durante las 6 primeras semanas hemos leído y comprobado que la salud te sienta muy bien, y lo insano, muy mal. También hemos aprendido a diferenciar entre el peso bueno, que es el que viene del músculo, y el malo, que es el que viene de la grasa. Hemos de considerar entonces que el peso no es una medida definitiva, aunque sí lo es el porcentaje graso. Pero en la sexta semana hemos podido apreciar que no existe la quema de grasa localizada. Sin embargo, veremos que se pueden trabajar zonas concretas.

En la alimentación es muy importante saber que la despensa ya no está en nuestro estómago y que es innecesario cargarnos de grasa. Para ello hemos aprendido a diferenciar entre el hambre consciente y el hambre inconsciente. Y a distinguir las formas de energía, lo que nos lleva a organizar una alimentación más o menos sana.

Los consejos que estamos siguiendo hasta ahora en la alimentación son los siguientes:

- Cena ligero. Controlar las cenas es importante para no coger peso por la noche.
- Come hasta que no sientas hambre, no hasta que no puedas más.
- Limita las grasas en tu alimentación.
- Toma los hidratos de carbono durante las primeras horas del día para poder aprovecharlos.
- Vigila lo que bebes.
- Come 5 veces al día, pero la misma cantidad total.

El entrenamiento es lo más complejo del reto y, a la vez, uno de los ejes sobre los que gira todo. Ahora ya sabes que el ejercicio te quita años y peso de sobra, te proporciona mucha salud y mucha alegría. Y, por supuesto, facilita que tengas un cuerpo más bonito.

Y con respecto a la motivación sabemos que:

- Cuidarse no tiene que suponer ningún esfuerzo.
- La salud es la nueva riqueza.
- Cualquier edad es buena para hacer ejercicio, cuanta más mejor.
- Todos tenemos que dedicarnos más tiempo a nosotros mismos.
- Los días que menos apetece son los mejores.
- Intenta encontrar compañeros de viaje en tu nueva vida sana.

REPASO DE LA SÉPTIMA SEMANA

Ya llevamos 7 semanas. Estamos muy cerca del final.

En las anteriores 7 semanas hemos tratado de reforzar una serie de conceptos sobre tu cuerpo. Hemos destacado que lo que es sano resulta estético. Por eso, entre otros motivos, hay que reforzar la apuesta por la vida sana. Además, hemos hablado de las distintas formas de coger peso, dependiendo de si ganábamos grasa o tejido muscular. También hemos visto que no se puede quemar la grasa exclusivamente de una parte del cuerpo. Pero se puede actuar sobre el músculo, lo que nos permite moldearlo.

Con respecto a la alimentación, hemos hecho hincapié en tratar de controlar con la cabeza lo que comemos. Eso significa ser conscientes de todos los alimentos que ingerimos. Igualmente, hemos explicado cuáles son los componentes de los alimentos, y cómo distribuirlos.

Los consejos que estamos siguiendo hasta ahora en la alimentación son los siguientes:

- Cena ligero. Controlar las cenas es importante para no coger peso por la noche.
- Come hasta que no sientas hambre, no hasta que no puedas más.
- Limita las grasas en tu alimentación.
- Toma los hidratos de carbono durante las primeras horas del día para poder aprovecharlos.
- Vigila lo que bebes.
- Come 5 veces al día, pero la misma cantidad total.
- Eres lo que comes, y comes lo que compras.

Con respecto al entrenamiento, hemos ido introduciendo conocimientos y ejercicios. A estas alturas ya practicamos ejercicio 3 veces por semana. En él incluimos cardio, pesas, abdominales y estiramientos. Nos encontramos ya ante un entrenamiento completo.

Y con respecto a la motivación sabemos que:

- Cuidarse no tiene que suponer ningún esfuerzo.
- La salud es la nueva riqueza.
- Cualquier edad es buena para hacer ejercicio, cuanta más mejor.
- Todos tenemos que dedicarnos más tiempo a nosotros mismos.
- Los días que menos apetece son los mejores.
- Intenta encontrar compañeros de viaje en tu nueva vida sana.
- Es muy importante no abandonar nunca.

REPASO DE LA OCTAVA SEMANA

A lo largo de estas 8 semanas hemos insistido mucho en la importancia de llevar una vida sana y en lo bien que te sienta. Para ello hemos hablado de las diferencias entre coger músculo o grasa, y también la diferencia en dejarlo, con el efecto yo-yó como muestra. Hemos aprendido que lo importante es el porcentaje de grasa corporal. Es fácil medirlo aproximadamente por los contornos, tomando como referencia la ropa.

Ahora ya sabemos distinguir en mayor medida la composición de los alimentos y diferenciar, más o menos, la composición de cada uno de ellos, sobre todo si leemos la etiqueta. Recordamos también uno de los pilares más importantes del libro: no necesitas cargar con energía en forma de grasa. Hay que luchar contra un instinto que nos incita a ello. Por esa razón, tenemos que aprender a usar la consciencia en la comida. Además, hemos aprendido a eliminar precisamente esa grasa que pudiera sobrar, utilizando las tres vías para eliminarla.

Los consejos que estamos siguiendo hasta ahora en la alimentación son los siguientes:

- Cena ligero. Controlar las cenas es importante para no coger peso por la noche.
- Come hasta que no sientas el hambre, no hasta que no puedas más.
- Limita las grasas en tu alimentación.
- Toma los hidratos de carbono durante las primeras horas del día para poder aprovecharlos.
- Vigila lo que bebes.

- Come 5 veces al día, pero la misma cantidad total.
- Eres lo que comes, y comes lo que compras.
- Olvida las dietas milagro.

En el deporte, aun siendo conscientes de que no queremos ser olímpicos, hemos aprendido a entrenar con cierta soltura. Ahora sabemos optimizar el tiempo de nuestro entrenamiento y por qué y para qué hacemos cada ejercicio y cada sesión.

Y para reforzar el comportamiento sano hemos hablado sobre la necesidad de estar motivados. Para ello hemos mostrado algunas reflexiones y consejos. Recuérdalos:

- Cuidarse no tiene que suponer ningún esfuerzo.
- La salud es la nueva riqueza.
- Cualquier edad es buena para hacer ejercicio, cuanta más mejor.
- Todos tenemos que dedicarnos más tiempo a nosotros mismos.
- Los días que menos apetece son los mejores.
- Intenta encontrar compañeros de viaje en tu nueva vida sana.
- Es muy importante no abandonar nunca.
- Evita las excusas más típicas.

Repaso de la novena semana

Una vez transcurridas estas 9 semanas, ya has adquirido las nociones necesarias para cuidarte responsablemente. Sabes qué te conviene y qué no, tanto con respecto a la alimentación como al ejercicio y la motivación para seguir manteniendo lo que has conseguido hasta este momento. Ahora que has notado los beneficios de una vida más sana, la ventaja es que sabes cómo continuarla.

Te proponemos de manera resumida todos los consejos que hemos recomendado en estas 9 semanas, a los que podrás acudir cada vez que necesites refrescar la memoria:

Alimentación:

- Cena ligero. Controla las cenas. Es importante para no coger peso por la noche.
- Come hasta que no sientas hambre, no hasta que no puedas más. Debes hacerlo con control y siendo consciente de lo que comes.
- Limita las grasas en tu alimentación.
- Toma los hidratos de carbono durante las primeras horas del día para poder aprovecharlos.
- Vigila lo que bebes.
- Come 5 veces al día, aunque la misma cantidad total. Es importante comer de forma ordenada.
- Eres lo que comes, y comes lo que compras. Haz siempre una compra equilibrada.
- Olvida las dietas y los productos milagro.
- Se puede comer sano aunque sea fuera de casa.

Entrenamiento:

- Prueba distintas actividades para ver las que te gustan.
- Esfuérzate un poco. Entrenar es mejorar.
- Cualquier edad es buena para hacer ejercicio, cuanta más mejor.
- Es importante que evites la atrofia muscular. El ejercicio elimina grasa, fortalece los huesos y ayuda a nuestras articulaciones.
- Además de la estética, hacer ejercicio es saludable para el cuerpo y para la mente. Te quita años y te proporciona mucha salud y alegría.
- Debes planificar el entrenamiento según tus gustos y lo que te da mejor resultado (puede incluir cardio, pesas, abdominales, estiramientos...).
- Debemos optimizar el tiempo del entrenamiento sabiendo por qué y para qué haces cada ejercicio y cada sesión.
- Disfruta con el deporte.

Motivación:

- Cuidarse no tiene que suponer ningún esfuerzo.
- La salud es la nueva riqueza.
- Todos tenemos que dedicarnos más tiempo a nosotros mismos.
- Los días que menos apetece son los mejores.
- Intenta encontrar compañeros de viaje en tu nueva vida sana.

- Lo importante es no abandonar nunca.
- Evita las excusas más típicas. Coloca tu salud en primer lugar en tu lista de prioridades.
- Hay que fijarse objetivos y que estos sean realistas.

CONSEJOS DE ENTRENAMIENTO Y ACTIVIDADES

CONSEJOS DE ENTRENAMIENTO Y ACTIVIDADES

Hacer ejercicio es beneficioso, pero, para asegurarnos de que podemos hacerlo sin ningún tipo de consecuencias negativas, debes consultar a tu médico.

El ejercicio debe ser siempre progresivo en su intensidad, aunque suficientemente intenso como para que cueste cierto esfuerzo.

Actividades que encontrarás en el gimnasio

Sería imposible hacer un listado completo, pues los gimnasios proponen actividades nuevas prácticamente a diario. No obstante, a continuación encontrarás las actividades dirigidas más características y las que son referencia para las nuevas.

Ejercicio cardiovascular: Es conveniente hacerlo de manera suave, a un ritmo que no te fuerce la respiración más de lo que puedas aguantar. En el gimnasio encontrarás muchas máquinas destinadas a este tipo de ejercicio: la cinta, la bicicleta, la elíptica, etc. Todas ellas son apropiadas para todo el mundo, adaptando siempre la resistencia, claro. Pruébalas todas con el asesoramiento de tu monitor.

Ejercicios de pesas: Han de ser supervisados por un profesional. Así, cualquier posible error en el movimiento podrá ser corregido al instante. El secreto de las pesas consiste en vigilar mucho la técnica y que no necesites mucho peso para cansarte. Es decir, que fatigues el músculo de manera que tenga que mejorar.

Actividades dirigidas: Son clases que te resultarán muy divertidas, pues se hacen en grupo y generalmente con música. Además, en ellas te sentirás controlado, pues siempre se realizan con un monitor. Por esa razón, son muy aconsejables, sobre todo al principio. Encontrarás clases de todos los niveles. Consulta cuál es la que más te conviene, aunque no renuncies a probar el resto.

Tonificación

Objetivos: Mejorar el desarrollo muscular, la fuerza y la resistencia.

Definición: Sesiones dirigidas por un monitor. En ellas se realiza un trabajo de tonificación y desarrollo muscular analítico. También se busca el desarrollo de la fuerza y la resistencia del músculo. Son clases con un soporte musical.

¿A quién va dirigida?: Personas mayores de 18 años (las personas de 16 y 17 años podrán acceder a la sala con una autorización de los padres) que no tengan ninguna contraindicación médica y les guste el ejercicio con un soporte musical.

Duración: 50 minutos.

Contraindicaciones: Deberían evitar estas sesiones aquellas personas que padezcan alguna lesión muscular o articular severa.

Gimnasia de mantenimiento

Objetivos: Mejorar las diferentes cualidades físicas básicas: resistencia, fuerza, flexibilidad, velocidad...

Definición: Sesiones dirigidas por un monitor. Utilizando diferentes técnicas de entrenamiento se busca la mejora de las diferentes cualidades físicas (fuerza, resistencia, velocidad…).

¿A quién va dirigida?: Personas mayores de 18 años (las personas de 16 y 17 años podrán acceder a la sala con una autorización de los padres) que no tengan ninguna contraindicación médica.

Duración: 50 minutos.

Contraindicaciones: Deberían evitar estas sesiones aquellas personas que padezcan alguna lesión muscular o articular severa o problemas cardiacos graves.

Mantenimiento para la tercera edad

Objetivos: Mejorar la calidad de vida de la gente mayor, tanto a nivel físico como social.

Definición: Clases dirigidas por un monitor a personas mayores que quieran mantenerse en forma a través de la realización de diferentes actividades adaptadas a sus posibilidades.

¿A quién va dirigido?: Personas mayores de 60 años que no tengan ninguna contraindicación médica severa.

Duración: 50 minutos.

Contraindicaciones: Si se sufren lesiones y/o enfermedades articulares severas de rodillas, tobillos y columna se debería evitar asistir a estas sesiones. También deben abstenerse de estas clases aquellas personas con problemas de corazón.

Estiramientos

Objetivos: Mejorar la flexibilidad y elasticidad muscular, así como la movilidad articular.

Definición: Sesiones dirigidas por un monitor. Su objetivo principal es la mejora de la flexibilidad mediante la realización de ejercicios específicos.

¿A quién van dirigidos?: Personas mayores de 16 años.

Duración: 30 minutos.

Contraindicaciones: Ninguna.

Body tonic, tonificación, *pump*

Objetivos: Desarrollar la fuerza, la resistencia y el tono muscular.

Definición: Sesiones dirigidas por un monitor. Su principal objetivo es el desarrollo de la fuerza-resistencia a través de coreografías con pesas (actividad con franquicia).

¿A quién van dirigidos?: Personas mayores de 18 años (las personas de 16 y 17 años podrán acceder a la sala con una autorización de los padres) con un buen nivel de condición física.

Duración: 60 minutos.

Contraindicaciones: Si se sufren lesiones y/o enfermedades articulares de rodillas, tobillos y columna se debería evitar asistir a estas sesiones.

Yoga, tai-chi, pilates, balance

Objetivos: Mejorar el nivel de bienestar tanto físico como psíquico a través de la mejora de la respiración, movilidad articular, control postural...

Definición: Sesiones dirigidas por un monitor. Su objetivo principal es la consecución de un bienestar físico y psíquico mediante el control de la respiración, mejora de la flexibilidad y movilidad articular, control postural, etc. Todo ello a partir de diferentes técnicas específicas (tai-chi, yoga...).

¿A quién van dirigidos?: Personas mayores de 18 años.

Duración: 50 minutos.

Contraindicaciones: Ninguna.

Combat, box

Objetivos: Mejorar tanto la capacidad cardiovascular como la tonificación muscular.

Definición: Sesiones dirigidas por un monitor. Se combinan movimientos de diferentes disciplinas de defensa personal convirtiéndose en un entrenamiento de tonificación muscular al tiempo que se mejora la capacidad cardiovascular (actividades con franquicia).

¿A quién van dirigidos?: Personas mayores de 16 años con un buen nivel de entrenamiento.

Duración: 60 minutos.

Contraindicaciones: Si se sufren lesiones y/o enfermedades articulares de rodillas, tobillos y columna se debería evitar asistir a estas sesiones. También deben abstenerse de estas clases aquellas personas con problemas severos de corazón.

Aeróbic, estilos latinos

Objetivos: Aprender los pasos de las diferentes modalidades y estilos, trabajando, mediante coreografía, el sistema cardiovascular y muscular.

Definición: Sesiones dirigidas por un monitor. Su objetivo principal es la mejora física a través del aprendizaje de las diferentes coreografías.

¿A quién van dirigidos?: Personas mayores de 18 años (las personas de 16 y 17 años podrán acceder a la sala con una autorización de los padres).

Duración: 50 minutos.

Contraindicaciones: Ninguna.

Treinta minutos de abdominales

Objetivos: Mejorar el tono muscular de la faja abdominal.

Definición: Sesiones dirigidas por un monitor. Su objetivo principal es la mejora del tono muscular de la faja abdominal.

¿A quién van dirigidos?: Personas mayores de 16 años.

Duración: 30 minutos.

Contraindicaciones: No las hay, siempre que se hagan correctamente.

Body bike, spinning, ciclo *indoor*

Objetivos: Mejorar la resistencia y capacidad cardiovascular.

Definición: Sesiones dirigidas por un monitor. Su objetivo principal es el desarrollo cardiovascular a través del trabajo realizado sobre una bicicleta estática al ritmo de diferentes músicas.

¿A quién van dirigidos?: Personas mayores de 18 años (las personas de 16 y 17 años podrán acceder a la sala con una autorización de los padres).

Duración: 45 minutos.

Contraindicaciones: Si se sufren lesiones y/o enfermedades articulares de rodillas, tobillos y columna se debería evitar asistir a estas sesiones. También deben abstenerse de estas clases aquellas personas con problemas severos de corazón.

DIETAS

DIETAS

A continuación te doy dos ejemplos de dietas que se adaptarían a los consejos que hemos dado a lo largo del libro. Como puedes observar, están formadas por cinco comidas diarias. En ellas se combinan los alimentos de manera idónea para reforzar nuestro plan de entrenamiento en estas 9 semanas y media. Los alimentos se pueden cambiar por otros similares. Lo importante es que seas consciente de lo que comes y aprendas a controlar esas cinco comidas diarias.

Las dietas están realizadas por Laura Rallo Martín, nuestra experta nutricionista, que nos recomienda: «Las dietas deben ser lo más variadas posibles, por eso es necesario renovarlas con frecuencia. Aquí adjunto 2 días para que se vean las diferencias, pero también se aprecie la línea correcta. Las cantidades se deben ajustar a las necesidades individuales. Esta sería para una persona de unos 70 kilos, de actividad media».

DIETA 1

Desayuno: Un vaso de leche semidesnatada con cacao o café, cereales de maíz integrales y una pieza de fruta (o zumo).

Media mañana: Bocadillo de pan con tomate con jamón de pavo.

Comida: De primero, crema de puerros, elaborada con puerro, cebolla, patata y aceite de oliva.

De segundo, filete de ternera a la plancha, con calabacín a la plancha y arroz blanco hervido y salteado con jamón de York.

De postre, pieza grande de fruta.

Merienda: Yogur con cereales y pieza de fruta (se puede cambiar por un sándwich de jamón serrano con tomate).

Cena: Tortilla de dos yemas y tres claras, con una lata de atún; se acompaña de un par de lonchas de jamón de York o de pavo, queso fresco y espárragos verdes a la plancha.

De postre, pieza de fruta y un lácteo.

DIETA 2

Desayuno: Un vaso de leche semidesnatada con cacao o café, cereales de maíz integrales (o una pieza de bollería hecha en casa) y una pieza de fruta (o zumo).

Media mañana: Bocadillo de pan con tomate con jamón de pavo o jamón de York.

Comida: De primero, ensalada de lechuga, maíz, una lata de atún y aceite de oliva.

De segundo, un plato de macarrones o espaguetis (90 g) con ternera picada, tomate, verduras y queso.

De postre, pieza grande de fruta.

Merienda: Yogur con cereales y pieza de fruta.

Cena: De primero, judías verdes con cebolla y zanahoria salteadas con dos cucharadas de aceite de oliva y unos tacos de jamón serrano sin tocino.

De segundo, dos filetes de perca o lenguado a la plancha con una guarnición de un tomate de ensalada y champiñones a la plancha.

De postre, pieza de fruta.

CONSEJOS
FINALES

CONSEJOS FINALES

Es el momento de que cojas las riendas

Felicidades, ya has cumplido el reto de las 9 semanas. En ellas seguramente habrás aprendido algunas cosas que no sabías y has podido recordar otras que ya conocías. Tanto si has seguido los consejos al 100 por 100 como si has podido cumplir solo el 50 por 100, ya tienes mucho ganado.

Lo realmente importante de este reto no lo has vivido todavía. Lo tendrás que ir viviendo día a día. El objetivo no era tanto que te pusieras en forma en 9 semanas, como el hecho de que hayas interiorizado la mayoría de los consejos y las pautas a seguir. Ahora ya conoces lo que es comer bien y lo que es comer mal.

También eres consciente de los beneficios de llevar una vida saludable, de hacer ejercicio. Has probado distintas actividades y empiezas a identificar las que te gustan y las que mejor se adaptan a tus necesidades. Según diversos estudios, el peligro de abandonar las actividades físicas es mayor en los 2 primeros meses. Una vez pasados estos, justo coincidiendo con los primeros síntomas positivos, empiezan a reconocerse los beneficios de una vida sana. Debes tomar tus decisiones y planificar tu nueva vida, a ser posible de la mano de un profesional.

Debes evitar las interferencias que te impidan cuidarte

En mi carrera he podido comprobar por qué la gente no hace ejercicio. En líneas generales, el primer motivo es la falta de tiempo. Es verdad. No todo el mundo dispone de tiempo para hacer un poco de ejercicio algunos días a la semana. De ahí el éxito de los entrenadores personales, que en muchas ocasiones no solo entrenan, sino que también obligan.

Como dijimos en la octava semana, la falta de tiempo es una de las excusas más populares. Pero seguro que si ponemos nuestra salud en lo alto de la lista de prioridades, encontramos un ratito al día. No pido hacer deporte de manera compulsiva hasta el extremo de sentirse mal si un día no se puede entrenar. Me refiero a hacer ejercicio de forma saludable y divertida. Si lo consigues, te encontrarás infinitamente satisfecho contigo mismo. Además, te habrás ahorrado el precio de un entrenador.

A menudo comparo entrenar con cepillarse los dientes. No es divertido, pero cuando lo haces te sientes mejor. Con el entrenamiento puede pasar lo mismo. Aunque no divierta, deberíamos hacerlo casi instintivamente, como el cepillado después de comer, como una medida de higiene o salud más.

Revisiones médicas

Es muy importante que te hagas las revisiones médicas oportunas. No solo antes de comenzar con una actividad, sino también de forma periódica —1 vez al año— cuando lleves un tiempo realizándola. Cada vez son más numerosos los centros en los que las personas de la calle, que no son deportistas profesionales, se pueden realizar pruebas de salud y también de rendimiento. Además del aspecto preventivo, es bueno conocer las condiciones en las que nos encontramos. Así, veremos los progresos con datos objetivos, año a año.

En cualquier caso, siempre deberías hacerte una prueba antes de realizar cualquier esfuerzo importante.

Cuidarse con objetivos

Ahora que has terminado las 9 semanas, es el momento de ponerte objetivos por ti mismo. Ya no tienes unos objetivos marcados, como estas semanas anteriores. No obstante, debes buscar tus propias metas.

Es mejor que estas metas te las pongas a corto plazo. Podrías, por ejemplo, hacer ejercicio 3 veces esta semana o, con respecto a la nutrición, utilizar algún mecanismo de control, como apuntar durante 1 semana lo que comes.

Siempre es más fácil cumplir los objetivos a corto que a largo plazo. Ir cumpliendo etapas es especialmente motivador para alcanzar la meta.

A la hora de planificar tu entrenamiento debes marcarte unos objetivos lógicos, y sobre todo realistas. De lo contrario, fallarás.

En cuanto al tiempo que hay que dedicar semanalmente para estar en forma, mi respuesta es casi siempre la misma: 2 días son suficientes; 3, notable, y 4, sobresaliente.

Hazlo por ti

Muchas veces acuden a mi consulta clientes que buscan ponerse en forma para recuperar a su ex, para gustarle a un chico o a una chica o porque alguien les había dicho que estaban mal. También tengo casos que vienen porque sus compañeros de trabajo están más delgados, porque su amigo ha adelgazado un montón o porque quieren parecerse a los chicos de los anuncios.

Cuidarse es algo que uno tiene que hacer por y para sí mismo. Es la única manera de cuidarse de una manera permanente y constante.

Si la motivación viene de fuera, acabará desapareciendo, y la motivación es el motor que nos empuja a estar mejor. Queremos que la motivación que te impulse sea la de mejorar tu salud, que te permita disfrutar más de tu vida, que te ayude a afrontar el día a día de una manera más positiva y que te estimule para seguir cuidándote.

No caigas en las falsas tentaciones del mercado

No olvides que hay muchas marcas comerciales que quieren venderte productos a cualquier precio, y que su principal público objetivo son las personas que se cuidan. Por eso van a intentar hacerte pensar que con el ejercicio estás perdiendo el tiempo, y que podrías estar mucho mejor si comprases el producto que te ofrecen.

Debes aprender a reaccionar adecuadamente ante estos estímulos, valorándolos objetivamente. Si ves que te convencen, siempre es mejor probarlos antes de hacer un desembolso importante. Y si una vez probados, compruebas que te funcionan, entonces medita sobre su adquisición.

Con ello no quiero decir que todas las marcas comerciales pertenecientes al sector del cuidado personal sean fraudulentas, ni mucho menos. Sencillamente que no todo es tan bueno como te lo presentan, ni todo te conviene.

Cuida tu alimentación bajo supervisión profesional

La alimentación es algo muy serio, y de lo que se habla mucho, y no siempre con conocimiento. Por esta razón es importante cuidar la alimentación bajo la supervisión de un profesional, ya sea médico o nutricionista. Es imprescindible tener conocimientos. Y por supuesto, cuanto más claro tengamos el porqué de las cosas, mejor alimentación llevaremos.

Si tenemos trastornos alimenticios estamos obligados a ponernos en manos de estos profesionales. Y aunque no sea el caso, también es muy recomendable hacerlo. No olvides que tu cuerpo —o sea tú— se compone de lo que comes.

No te obsesiones por las cantidades exactas

Ni el mejor profesional de la nutrición mundial es capaz de decirte exactamente las cantidades de cada alimento que necesitas con exactitud. Es normal. Ni siquiera tú sabes con precisión el gasto que vas a realizar. Depende de la actividad diaria, e incluso entran en juego factores como la temperatura externa. Tampoco sabemos qué componente exacto tiene cada alimento. Según su estado de madurez o su contenido en agua, pueden variar.

Así que no hace falta que vayas con básculas de precisión intentando saber lo que comes en cada momento. Una aproximación será más que suficiente.

La materia ni se crea ni se destruye

No hay frase más válida que esta para rebatir a aquellos que dicen que cualquier cosa les engorda. Porque no es posible que cualquier cosa que comas acumule en tu cuerpo más energía (en forma de materia, grasa) de la que comes.

No utilices esto como excusa, porque no es cierto.

Sin embargo, sí es cierto que hay personas que queman más energía que otras. Y como hemos visto durante estas 9 semanas, una de las claves para aumentar el gasto metabólico basal es hacer ejercicio.

No decidas lo que vas a comer buscándolo

No abras la nevera o el armario de las galletas para ver qué hay dentro que te puedas llevar a la boca. Comer debe ser siempre un acto consciente y a ser posible preparado. Actitudes de este tipo son las que nos llevan a comer sin control, de manera desordenada y casi inconsciente.

Debes tener un plan de comidas y saber qué vas a comer en cada momento. De esta forma serás mucho más eficiente en tus progresos. Asimismo, esto te evitará tener que pensar qué cocinar cada día y te ayudará a hacer la compra de manera más ordenada.

Todo lo que comas engorda

Hay un colectivo de profesionales que pelean constantemente por decir las verdades en los medios. Son los nutricionistas, y lo tienen muy claro: **todo lo que comas engorda**. Pero como esto no vende, no se les presentan muchas ocasiones de hablar.

¿Esto adelgaza? ¿Y esto? Todos los alimentos tienen calorías. De lo contrario, no serían alimentos. Por tanto, no se puede decir que adelgacen. Está claro que hay alimentos que engordan más que otros, pero todo lo que te comas te aporta calorías.

Así que no busques un producto que cuanto más lo comas más te adelgazará, porque no existe. Aunque esta verdad universal cae por su propio peso, no está mal recordarla.

¿Y los quemadores de grasa?

Los quemadores de grasa se están poniendo cada vez más de moda entre los consumidores. Pero no acaban de calar en el consumo cotidiano. ¿Por qué?

Básicamente hay dos tipos de quemadores de grasas: los que llevan estimulantes y los que no.

Los que llevan estimulantes deberían ser recetados por un médico. Los que no tienen, no ayudan mucho, por eso no se venden.

Hay una batalla continua entre estudios que verifican su funcionamiento y otros que lo niegan. Hay que dar más credibilidad a las investigaciones que no están subvencionadas por ninguna marca comercial.

¿Qué entrenamiento necesito yo?

A casi todo el mundo le va muy bien cualquier tipo de ejercicio. Y es que moverse será siempre mucho mejor que quedarse sentado.

Muchas veces nos preocupamos por hacer un entrenamiento perfecto, tratando de combinar varias modalidades, como las pesas, el ejercicio aeróbico, el pilates, los estiramientos, de una manera milimétrica. No hay que buscar el entrenamiento perfecto, porque es imposible de calcular. Intervienen demasiados factores como para dictaminar con seguridad absoluta las necesidades exactas de cada uno.

Por este motivo, lo importante es que planifiques tu entrenamiento de acuerdo con tus gustos y lo que consideres que te da mejor resultado.

Hay casos en los que es más que recomendable consultar a un profesional. Y especialmente cuando tenemos dolores, lesiones o miedo a caer en algún tipo de dolencia. Por otra parte, también debería ser obligatorio si tenemos cierta edad, sobre todo si no nos hemos cuidado habitualmente. En el resto de los casos es solo altamente aconsejable.

Muchos clientes que vienen a mi consulta lo hacen después de haber probado varios tipos de entrenamientos. En ocasiones se da lo que denomino como el «entrenamiento conglomerado». Me refiero a que cogen algunas ideas de cada entrenador y se quedan con lo que les gusta, pero no con lo que les conviene. Estos planes siempre fracasan. Recuerdo una chica que llegó al gimnasio en el que yo trabajaba y me pidió un plan de entrenamiento. Al llegar el lunes siguiente y mirar su ficha, vi que tenía tres planes de entrenamiento: el que me pidió a mí, otro del monitor de las mañanas y otro del de los fines de semana. Y todo para ver cuál era el que más le gustaba. Por eso, te recomiendo —insisto— en que te hagas con los servicios de un buen profesional, y confíes en él y solo en él.

Un plan de entrenamiento hecho por varios entrenadores sería como un plato realizado por varios cocineros. Uno no sabría si al anterior le ha puesto sal o cuánto tiempo lleva en el horno. Estos planes siempre fracasan.

En condiciones aburridas un entrenamiento es aburrido

A la hora de hacer algo de ejercicio, sea mucho o poco, debes tratar que no te suponga un esfuerzo, o al menos debe ser lo más llevadero posible.

Por lo menos al principio, es recomendable que hagas ejercicio en compañía. De esta manera, por un lado, te obligas a quedar con alguien y, por otro, te entretienes durante la actividad.

Si ves que el gimnasio te resulta demasiado aburrido, consulta con tu monitor. Seguro que te explica las actividades que más se adaptan a tu gusto. Y recuerda que, además del gimnasio, puedes hacer deporte en muchos otros sitios, como la piscina, el club de tenis, en un centro de pilates y en una infinidad de lugares que no debes descartar sin haber probado.

En cualquier caso, intenta eliminar la palabra rutina de tu entrenamiento. Es tan fea como injusta.

Puedes hacer ejercicio en casa

A todos mis clientes les recomiendo que vayan a un club deportivo. Es el lugar apropiado para tal fin. No obstante, también aconsejo tener un pequeño equipamiento en casa. Algo tan simple como una colchoneta, unas pequeñas pesas y unas gomas. No hace falta mucho, pero sí lo suficiente para poder hacer algo los días que se ha tenido que aplazar la visita al gimnasio.

De manera permanente, el entrenamiento en casa será incompleto, salvo que tengamos bastantes aparatos. Pero para hacer algo provisionalmente es muy recomendable.

Entrenar es mejorar

Lo hemos repetido durante estas semanas. Y es una de las máximas de este libro. Ya sabes que no pretendemos ir a las próximas olimpiadas. Aunque eso no significa que no nos guste ser exigentes y queramos mejorar.

Si cada vez te ves un poco mejor, siempre tendrás ganas de seguir. El problema vendrá cuando empieces a hacer ejercicio «para mantener». En ese momento dejarás de mejorar. Así que tu cuerpo se irá acostumbrando al entrenamiento establecido y empeorará.

A pesar de todo, es importante que las progresiones sean lentas. Cuanto más tiempo demos al cuerpo a ir asimilando las nuevas mejoras, más durarán estas. Por otra parte, evitaremos los esfuerzos innecesarios, propios de querer mejorar demasiado rápido.

Mejorar todo. En la variedad está el gusto

Recuerda que mejorar tu estado de una manera general significa que debes mejorar todas tus cualidades físicas, por lo menos las básicas: la fuerza, la resistencia y la elasticidad. Aparte de estas, hay otras también muy importantes, como el equilibrio y la coordinación.

De ahí que trates de combinar actividades que te gusten, pero que sean variadas. De esta manera, diversificarás más el trabajo.

Si alternas distintos ejercicios, además de variar las cualidades físicas de una forma más general, mejorarás más partes de tu cuerpo. Porque normalmente las actividades no afectan a los diferentes grupos musculares por igual.

Controla tus entrenamientos

Una buena estrategia para controlar los entrenamientos es apuntar lo que haces cuando realizas ejercicio.

Por un lado, dejarás anotados todos los días que haces ejercicios, que siempre son buenos motivadores a la hora de echar un vistazo atrás, y, por otro, verás los progresos que has hecho en todo momento. También es muy bueno porque no queremos volver a estar como al principio, antes de empezar.

Lo más importante de este libro

Todo lo que hayas aprendido no servirá de nada si dejas que poco a poco caiga en el olvido.

Lo más importante de este libro no son los detalles, ni los conocimientos puntuales, ni siquiera los consejos.

Lo más importante es que te contagies para siempre de una actitud positiva ante la posibilidad de verte mejor. Busca en todo momento la vida sana, porque compensa.

Nunca debes dejar de cuidarte. Nunca te des por un caso perdido. Nunca te abandones. Da igual si has estado un tiempo sin hacer ejercicio o si una temporada has comido peor. Pase lo que pase, tienes que procurar que la vida sana suponga una meta, porque, como he dicho a lo largo de este libro, no hay esfuerzo que no se vea recompensado.